자유와 규율

-영국의 사립학교 생활 -

이케다 기요시 지음 | 김수희 옮김

서문

본서 교정쇄 총 166페이지(초판)를 나는 손에서 떼지 않고 순식간에 다 읽었다. 많은 독자 분들도 같은 경험을 할 것이다.

이 책은 영국 청년들이 받았던 교육을 몸소 체험하고 이를 바탕으로 쓴 것이다. 우선 일본 교육계 종사자들에게 매우 귀한 자료가 될 것이며 동시에 영국인의 국민성을 논한 논문으로, 혹은 즐거운 학교생활을 묘사한 문학으로도 폭넓게 오래토록 읽혀질 것임에 틀림없다. 이 책을 읽고 '여기에 한 위대한 국민이 있었노라' 하고 새삼 느끼지 않을 수 없었다. 그리고 그런 국민이, 특히 그 지도층이 받아온 교육이 어떠한 것이었는지를 알게 되었고 '과연 그럴 만한 이유가 있었군!' 하고 느끼지 않을 수 없었다. 많은 독자 분들이 이 말에 수긍해줄 것이다.

예를 들어 학교 시험에서 전혀 부정행위가 이루어지지 않는다는 것은 영국에서는 엄연한 사실이다. 개인의 자유는 최대한 존중되지만 규율이란 것에 대해 사람들이 묵묵히 복종하고 있다는 것도 사실이다. 교사의 권위는 절대적이지만 그럼에도 불구하고 학생들은 옳고 그름에 대한 의견을 기탄없이 말할 수 있고, 교사 역시 올바른 것이라면 이를 흔쾌히 수용하는 것을 당연시하고 있다. 이런 기풍과 불문율은 애당초 어떻게 양성될 수 있었을까.

초등학교 6년과 중학교 3년으로 구성된 일본의 의무교육제도는 어쨌든 형태가 막 갖춰지고 있는 참이다. 이것을 채용하는 과정에서 정부 당국자나 일반 국민들에게 충분한 준비와 사려가 결여되어 있었던 것은 새삼 말해봐야 소용없는 일이겠지만, 특히 이 제도에 담아내야 할 교육 내용에 대해서는 여전히 몇 가지 문제점들이 남아 있다. 따라서 앞으로 다른 나라의 경험에서 배워야 할 것들은 무수히 많을 것이다. 일본인들은 외국 대학에 대해 상당히 무지한데 특히 대학 이하의 학교 교육 실정에 대해서는 더더욱 무지함을 나 스스로 느낀다. 특히 알아가야 할 것들은, 세계의 강대국 국민들이 대학 이전의 청소년에게 인간의 고귀함과 그 무거운 의무들을 어떻게 가르치고 있으며, 그들의 도의심 함양과 도덕적 용기 단련을 어떻게 행하고 있는가 하는 점이다. 허울만 그럴듯한 민주주의가 아닌, 내실 있는 민주주의 확립을 위해 바로 여기서 출발해야 한다. 그리고 이케다池田 교수가 쓴 이 책은 영국에 관한 한 충분히 이 문제에 답변하고 있다.

저자는 퍼블릭 스쿨public school(리스 스쿨The Leys School)과 대학(케임브리지대학)을 합쳐 영국에서 8년간 교육을 받고 이후 독일(하이델베르크대학)에서 3년간 수학한 후 귀국하여 현재(1949년) 게이오기주쿠대학慶応義塾大學 문학부 교수로 있는 사람이다. 타인의 스승된 자로서 저자가 지니고 있는 마음가짐이 어떠한지, 이 책 구석구석에서 그것을 엿볼 수 있다. 저자는 옥스퍼드, 케임브리지 양 대학 졸업생들이 일본의 초등학교 정도에 해당하는 프렙 스쿨Preparatory School 교사가 되기도 한다는 사실, 또한 그들이 다른 곳으로 취직하려고 하거나 승진 경쟁을 하지 않는 것에 대해 언급하며 이렇게 덧붙이고 있다.

'출세를 위해 일시적으로 잠시 머물다 가는 곳으로 생각하기에는 그들의 사명이 너무나 엄숙한 의의를 가지고 있음을 자각하고 있기 때문이다. 물질적 보상은 크지 않다. 그러나 그들에게는 달리 기대하는 바가 있다. 어린 영혼에게 생명을 불어넣고 아직 잠들고 있는 선함과 고귀함을 깨어나게 하는 기쁨이다. 그러나 이것은 한 사람의 프렙 스쿨 교사에 국한된 일은 아닐 것이다. 퍼블릭 스쿨 교사, 아니 영국뿐 아니라 널리 이 세상 끝까지, 학교 교사라는 사람들 모두의 가슴속에 강하게 일맥상통하는 하나의 신념일 것이다.' (p.42)

여기서 저자 이케다 기요시池田潔 씨의 진면목을 발견한다.
　그러나 이 책은 위의 인용문을 보고 혹여 상상할지도 모를 딱딱한 책이 결코 아니다. 이 책이 얼마나 즐거운 읽을거리인지는 뒤에 나올 인용문을 통해서도 짐작할 수 있을 것이다.
　저자가 수학한 리스 스쿨에서는 한 학기에 두 번 휴일이 있다. 2, 3주 전부터 이날을 준비해온 소년들은 음식을 들고 자전거나 팬트 카누라 불리는 작은 배를 타고 제각기 목적지로 향한다.

　'한 시간쯤 노를 저어 가다가 버드나무 뿌리 부근에 배를 묶어 두고 기슭으로 올라간다. 초록 풀이 가득한 가운데 미나리아재비꽃이 만발해 있다. 사과꽃이나 살구꽃이 흐드러지게 피어 있고 종달새가 지저귀며 뻐꾸기가 울고 소가 드러누워 있으며 양들이 풀을 뜯고 있다. 마치 초콜릿 상자에서 나온 듯한 그림 같은 풍경의 장소를 적당히 골라 마른 가지들을 모으고 불을 지핀다. 청어를 한 마리씩 정성껏 신문지에 싸서 강물에 적시고 지글지글 굽기 시작하는 사람, 한 다스의 계란을 능숙하게 깨서 거대 비행선 모양의 오믈렛을 만드는 사람, 자기가 서툴다는 것을 자각하고 오로지 축음기를 돌리는 역할에만 열중하는 사람, 두세 장의 접시를 닦고 그것을 앞에 늘어놓더니 그 다음에는 자못 심각한 표정으로 물끄러미 허공을 노려보고 있는 사람, 이 경우가 가장 할 줄 아는 게 없는 주제에 먹을 때는 마치 걸신이 들린 사람 같다. 이렇게 먹고 이야기를 나누고, 이야기 나누고 먹고, 먹고 또 먹고, 이것이 기숙사 폐문 시간인 4시까지 계속된다.'(p.86)

이 정경과 유머란 저자 특유의 것이다. 그러나 타인의 저서에 보내는 서문에 그 책 자체의 본문에서 이토록 길게 인용을 거듭하다니, 더 이상 같은 우를 범하는 것은 허락되지 않을 것이다.

처음 이 책의 출판을 이와나미서점에 추천하고 집필을 강권했던 사람은 바로 나다. 일본 지식인들이 영국 교육에 대해서 주목해주길 바랐기 때문이다. 지금 인쇄된 이 책이 한 편의 교육론에 그치지 않고, 이보다 훨씬 많은 것들을 담아내고 있음을 확인하는 것은 더할 나위 없는 기쁨이다.

1949년 8월 중순
도쿄도東京都 미타三田

고이즈미 신조小泉信三

들어가며

중학교를 마치지 않고 영국으로 건너가 리스 스쿨에서 3년, 케임브리지대학에서 5년, 이후 다시 독일로 건너가 하이델베르크대학에서 3년을 보냈다. 제1차 세계대전의 전후 처리가 아직 끝나지 않고 있던 시기부터 만주사변 직전까지가 이 시기에 해당된다.

귀국 후 교단에 서리라고는 꿈에도 생각지 못한 채, 대부분의 학생들처럼 학교 조직이나 제도에 대해 거의 아무런 흥미도 가지지 않고 지냈다. 그저 그날그날의 학교생활을 즐긴 것에 지나지 않는다.

다소 참고가 되었을지도 모를 두세 권의 책들도 다른 장서들과 함께 화재 때문에 모두 재가 되어버렸다. 솔직히 이런 글을 쓸 자격이 전혀 없는 것이다.

분에 넘치도록 좋은 선생님들을 만날 운을 타고난 건지, 학창 시절에는 리스 스쿨의 교장선생님 외 두세 분, 사회에 나가서는 고이즈미 신조 선생님의 각별한 사랑을 받았다. 공적으로나 사적으로 십수 년 동안 감당하기 어려울 정도의 은혜를 입고 있다.

이번에도 선생님께서 먼저 말씀을 건네주셨다. 도무지 글이 잘 진전되지 않을 때마다 지도 편달의 말씀까지 해주시어 가까스로 완성된 것이 바로 이 잡문이다. 미흡한 관찰, 부족한 기억력, 돌아보면 마음 깊이 부끄러움을 느끼지 않을 수 없다.

선생님에게 바치는 이 책에 야단스러운 헌사는 쓰지 않겠다. 새삼스레 고이즈미 선생님에게 어떤 감사의 말씀을 올릴 수 있으랴. 그저 묵묵히 이 작은 글을 선생님께 드리고 조용히 꾸짖음을 기다릴 뿐이다.

1949년 6월
오이소大磯에서

이케다 기요시

목차

서문(고이즈미 신조)

들어가며

퍼블릭 스쿨의 본질과 기원   11

제도   27

생활   51

    (1) 기숙사   53

    (2) 교장   106

    (3) 하우스 마스터와 교원   114

    (4) 교과과정   125

    (5) 운동경기   136

스포츠맨십이라는 것   151

일러두기

1. 이 책의 일본어 표기는 국립국어원 외래어 표기법을 따르되, 최대한 본래 발음에 가깝게 표기하였다.

2. 인명, 지명, 상호명은 최대한 일본어로 읽어주는 것을 원칙으로 하되, 극중에 처음 등장할 시에만 한자를 병기하였으며, 필요한 경우 옆에 주석을 달았다.
   *인명
   예) 고이즈미 신조小泉信三, 이케다 기요시池田潔
   *지명
   예) 요코하마横浜, 고베神戸
   *상호명
   예) 산요철도山陽鉄道

3. 어려운 용어는 한자를 병기하였으며, 독자의 이해를 돕기 위해 보충 설명이 필요한 경우 주석을 달았다. 역자와 편집자가 단 주석은, 역자 주, 편집자 주로 표시하였으며, 나머지는 저자의 주석이다.
   *용어
   예) 소상가塑像家(조각이나 주물의 원형을 만드는 사람—역자 주)
   　　계관시인桂冠詩人(17세기부터 영국 왕실에서 국가적으로 뛰어난 시인을 일컫는 칭호—편집자 주)

4. 서적 제목은 겹낫표(『』), 영화 제목은 홑낫표(「」)로 표시하였으며, 그 외 인용, 강조, 생각 등은 큰따옴표와 작은따옴표를 사용했다.
   *서적 제목
   예) 『쇠퇴와 타락Decline and Fall』, 『굿바이 미스터 칩스Goodbye Mr. Chips』
   *영화 제목
   「가스등」

퍼블릭 스쿨의
본질과 기원

영국 국민성의 가장 현저한 특징은 그들이 항상 위트를 즐기는 것이라는 말이 있다.

이는 비단 영국 국민들에 국한되지 않고 옛날부터 지금까지 여러 나라 사람들에 의해 다양한 견지에서 충분히 논해져 온 테마일 것이다. 그리고 많은 사람들이 입을 모아 지적하는 특징 중 하나로 영국인들에게는 전통 존중의 기풍이 강하다는 점을 들 수 있다.

일단 수긍할 수 있는 판단이다. 그러나 그 반면 전통 유지가 폐해를 불러올 것임을 자각할 경우, 그들은 결연히 전통에 대한 집착을 끊어낼 만큼 양식과 용기 또한 갖추고 있다는 사실을 간과해서는 안 될 것이다.

주지하는 바와 같이 세계에서 가장 오래된 전통을 자랑하는 그들의 철도는 현 노동당 내각의 기본 정책에 따라 1948년도를 기점으로 민영에서 국영으로 전환되었다. 대전환이 실행된 재작년 섣달 그믐날 밤, 때마침 내리던 차가운 빗줄기 속에서 3000여 명에 가까운 군중들이 런던의 어느 역 부근에 몰려들었다. 오전 0시 몇 분 전, 탄수차(증기기관차 뒤에 연결하여 석탄과 물을 싣는 차량–역자 주) 옆구리에 G·W·R(대서철도大西鐵道) 마크를 단, 민영으로서 최후의 열차가 움직이기 시작한다. 숙연히 열차를 전송하는 군중들은 손에 손을 잡고 '올드 랭 사인Auld Lang Syne'을 불렀고 어떤 자는 눈에 눈물까지 글썽이며 자유 기업에 대해 아쉬워했다고 한다.

넋두리라 부를 만한 감상感傷일지도 모른다. 뼈 속 깊숙이 스며든 전통에 대한 망집이라 부를 수도 있을 것이다. 그러나 하룻밤 지나 비 개인 새해 첫날 아침, B·R(영국철도)이라는 마크조차 새로운 첫 국영열차를 환호성을 지르며 반겼던 것도 역시 똑같은 사람들이었다. 여기에 영국인들의 진보가 있으며 결코 퇴영에 빠지지 않는, 영국 국민의 근저에 자리한 늠름함을 엿볼 수 있다.

그들이 가진 이러한 용기를 올바르게 평가하기 위해서는 우선 무슨 연유로 이런 용기를 필요로 했는가를 규명하지 않으면 안 된다. 어두운 밤, 역사에 모여 노래를 부르는 군중들이 품고 있던 자유 기업에 대한 애착이 과연 어떠한 것이었는가를 알지 못한 채, 그것을 극복할 수 있었던 그들의 양식과 결단을 올바르게 가늠할 수는 없을 것이다.

영국 인문사는 단적으로 말해 개인의 자유 획득의 역사다. 마찬가지로 그 산업사는 멀리 18세기의 불간섭주의로 거슬러 올라가 자유 기업 확립을 목적으로 한 부단한 투쟁을 기록한 것이다.

영국은행의 국유國有 이관도 단순한 사회주의 정책 실시의 하나의 수단이라기보다는 '스레드니들가의 노부인The Old Lady of Threadneedle Street(영국의 중앙은행에 대한 별명. 1694년 전쟁 경비 조달을 위해 주식회사 형태의 민간은행으로 설립되었고 1844년 독점적인 발권은행이 되었으며 1946년 국유화되었다-역자 주)'으로서 과거 2세기 반에 걸친 역대 정부의 모든 간섭과 싸워가며 세계 금융계에 군림해왔던 긴 전통의 종언이라는 점에서 한층 중대한 의의를 발견할 수 있으리라. 나아가 탄광업, 제지업의 국유화 문제도 실제로는 어감에서 받을 수 있는 인상만큼 냉엄한 것은 아니었을지라도, 영국 산업에서 차지하는 석탄과 철의 위상이 얼마나 중요했는지를 인식하지 못하는 한 이를 올바르게 이해하는 것 역시 어렵다. 나아가 주로 석탄과 철에 의해 생겨났던 부의 축적이 영국 지배계급이 과거에 가졌던 절대적 특권의 주요한 원동력이었다는 사실을 결코 잊어서는 안 될 것이다. 귀족이든 부호든 그 지배력의 원천은, 일반 서민들이 멀리서 바라보고 다 함께 전통으로 존중해왔던 아름다운 비로드 예복과 광대한 별장에 있었던 것이 아니라 지하에 묻혀 있던 석탄과 철에 있었다.

이러한 과거와의 깊은 연관성을 고려해야만 이것을 끊어낸 그들의 용기도 제대로 인식될 것이다. 그 고색창연한 웨스트민스터의 의원들한테서 이러한 진보적 정책이 속속 탄생되었다는 사실 자체가 영국인들이 가진 전통에 대한 애착과, 필요하다면 과감히 전통을 바꿀 수 있는 용기를 상징하는 것으로 봐도 무방할 것이다. 언뜻 보면 모순이라고도 생각되는 이런 두 가지 측면이 특별한 마찰 없이 영국 국민성의 한 단면을 만들어내며 순조롭게 현실에 대처해가고 있다. 이를 가능하게 만들고 있는 것은 실은 그들이 가진 투철한 양식良識 때문일 것이다. 여기서 양식이란 이 세상에서 무엇이 소중하며 무엇이 그렇지 않은가를 식별하는 힘을 가리킨다. 그리고 주목해야 할 점은 영국인들은 이 양식을 바탕으로 내려진 판단을 과감히 실행에 옮길 수 있는 용기를 겸비하고 있다는 사실이다.

언뜻 보면 상반되는 성격을 겸비하고 있다고 여겨지는 사항이 영국 사회에서 자주 보이는 까닭은 무엇일까. 이는 그들이 개개의 조건을 무시한 일률적인 제약을 싫어하는 경향이 강하다는 점에 근거할 것이다. 어떤 경우에는 어떤 일이 당연하다고 간주되어도, 다른 경우에는 그것과 상반되는 것이 아무런 모순 없이 당연시될 수 있다. 일정한 원칙에 반하지 않는 한, 사정에 따라 적당한 대응을 취해도 지장이 없다고 판단되고 있다. 그들 사회가 타협에 의해 운영된다고 평가할 수 있는 이유가 바로 이 점인데 동시에 이것은 영국 국민성의 한 단면을 이해하는 중요한 열쇠가 될 것이다.

한편 일본뿐 아니라 일반적으로 영국 교육이 화제에 오를 경우 어디서든 옥스퍼드, 케임브리지를 논하는 사람들이 많은 데 반해, 퍼블릭 스쿨에 대해 이야기하는 사람은 극히 드물다. 게다가 이 양 대학에 대해서도, 지식교육은 두 번째이며 먼저 인격 함양과 예의범절 수련에 교육의 중점을 두는 것으로 파악하고 그것이 이른바 '신사도 수업'이라는 단어로 요약되는 것이 상식이다. 이 양 대학에 관한 한 어쩌면 어느 정도 맞는 이야기일지도 모르지만 이것으로 결코 충분한 평가라고 할 수 없다. 왜냐하면 이 양 대학의 교육은 퍼블릭 스쿨 교육을 기초로 한 바탕 위에 선다는 것이 전제가 되고 있으며 이러한 절대조건을 고려하지 않은 채 옥스퍼드, 케임브리지만을 논하는 것은 거의 무의미하기 때문이다.

구름 위로 솟구쳐 나온 새하얀 산 정상도 아름답지만 그것만이 결코 명산의 전모는 아니다. 게다가 양 대학과 퍼블릭 스쿨의 경우 제각기 교육의 형태, 양식이 전혀 상이할 뿐 아니라 어떤 점에서는 심지어 대조적이라고도 할 수 있다. 이럴 경우, 그 하나만을 가지고 영국 교육 전반을 추측하는 것은 매우 합당치 않다고 생각된다.

원래 영국 학교생활이 '신사도 수업'이라는 세속의 평가를 받게 된 원인에는 정신교육에 중점을 두고 있다는 사실 외에도 여러 가지가 있을 것이다. 아마도 모든 학생들이 신사로서 대우받고 따라서 각자가 그런 자각 아래 자신의 행동을 제어할 수 있다는 점, 나아가 옥스퍼드·케임브리지 양 대학의 일상생활이 지극히 쾌적하며 독일이나 프랑스 등 대륙 여러 나라들은 물론 어떤 점에서는 미국의 표준에서 봤을 때도 호화스럽다고 평할 수 있다는 점 등을 꼽을 수 있다. 그런 의미에서 어디까지나 이 두 대학에 관한 한 이 '신사도 수업'이란 평가는 어느 정도 받아들여도 무방할지 모른다.

그러나 이것만으로 영국인이 품고 있는 교육의 본질에 대한 관념을 짐작하는 것은 합당치 않다. 만사를 일률적으로 처리하는 것을 기피하는 영국인들은 대학 교육에 임할 경우와 그 기반이라 할 수 있는 퍼블릭 스쿨에 대해 생각할 경우, 그 사이에 극히 명확한 선을 긋고 있다. 이른바 대학에서의 '신사도 수업'이 그들의 교육 관념의 일면인 것과 마찬가지로 퍼블릭 스쿨 학생들에게 부과되는 가혹한 '스파르타식 교육' 역시 또 다른 일면임에 틀림없다. 그리고 이 동전의 양면을 올바르게 보는 것이 영국 교육의 실태를 파악하는 데 있어서 필수불가결한 전제조건이라는 것은 너무나 명백하다.

옥스퍼드나 케임브리지의 자유롭고 한없이 풍요로운 생활에 비해 퍼블릭 스쿨의 그것은 극히 제한된, 물질적으로 잔인한 생활이다. 그 이유는 퍼블릭 스쿨 교육의 주안점을 정신과 육체의 단련에 두고 있기 때문이다. 좋은 철을 단련시키기 위해서 한 번쯤은 반드시 거치지 않으면 안 될 뜨거운 용광로이며 이 고난을 버텨내지 못하는 존재는 그 앞에 기다리고 있을 더더욱 가혹한 인생의 시련을 견뎌낼 사람으로 도저히 생각되지 않기 때문이다. 내려치고 또 내려치고 다시금 내려치는 것이야말로 퍼블릭 스쿨 교육의 본질이며 이것이 생애 전체를 거시적으로 바라보는 측면에서 그러한 시기에 있는 청소년에게 반드시 필요하다고 영국인들은 생각하고 있는 것이다.

이블린 워Evelyn Waugh의 소설 『쇠퇴와 타락Decline and Fall』 안에서

주인공 그라임즈가 말한다.

'게다가 말이지, 알아? 나는 퍼블릭 스쿨 졸업생이라구. 이게 참 엄청나거든. 영국 사회에는 퍼블릭 스쿨 졸업생들을 결코 굶기지 않는다는, 참으로 고마울 따름인 법도가 있거든. 어차피 인생이 지옥처럼 고통스럽다고만 생각되는 그 무렵에, 4, 5년 동안 퍼블릭 스쿨에서 지옥 같은 경험을 끝마쳐 둔다면 그 후에는 사회제도 덕분에 어떻게든 헤쳐 나갈 수 있다는 말이지.'

(Evelyn Waugh, 『Decline and Fall』 p.31)

지옥이란 비유적 표현이라 생각해도 무방하다. 그러나 그 안에서 생활해보면 이것은 결코 단순한 비유가 아님을 실감할 수 있다.

단계라는 측면에서 살펴보면 퍼블릭 스쿨 교육은 옥스퍼드, 케임브리지 두 대학 교육에 선행하는 것이며 그 졸업생 대부분은 보통 두 곳 중 하나의 대학에 진학했다. 하지만 현재 퍼블릭 스쿨 교육 그 자체는 완전히 독립된 것으로 결코 두 대학의 예과 내지는 예비학교적 존재라고 할 수 없다. 하지만 수백 년 전 창립 당시에는 그러한 성질을 가지고 있었다는 것을 믿어야만 할 이유가 있다. 이튼 스쿨을 창립한 헨리 6세의 칙허장에는 그 취지가 명백히 밝혀져 있었다고 한다. 그러나 여러 변천을 거치면서 오늘날 퍼블릭 스쿨 교육은 명실공히 독립하여 그 자체로 완결성을 갖춘 하나의 교육과정이 되었다. '졸업생', '정신', '예의범절', '액센트', '계급의식' 그 외 기타 여러 명사들 앞에 '퍼블릭 스쿨'이라는 형용사를 붙일 경우 '버시티'(유니버시티의 통속적 약칭인데 보통은 옥스퍼드, 케임브리지 두 학교만을 가리키고 다른 근대적 대학에는 적용되지 않는다)가 붙은 표현들과 분명히 구별되고 있다는 사실은 이 점을 간접적으로 설명해준다. 따라서 이블린 워가 꼭 집어 퍼블릭 스쿨 졸업생이라고 가리키는 것은 그 부분에 대한 미묘한 배려가 엿보이며, 만약 대학 졸업생이라고 말했다면 요점을 잃게 된다.

'워털루의 승리는 전장에서 얻어진 것이 아니라 이튼 교정에서 얻어진 것'이라는 웰링턴Wellington 장군의 유명한 말도 이튼 스쿨로 대표되는 영국 퍼블릭 스쿨에 오랜 세대에 걸쳐 전해져 내려온 독특한 정신교육의 탁월성을 지적한 것으로 봐야 할 것이다. 옥스퍼드, 케임브리지라 부르지 않고 특히 이튼의 이름을 거론했던 이유는 장군이 영국 교육에서 기초적 단련이라는 측면을 매우 중시했기 때문으로 해석된다.

학생들의 연령과 재학 기간을 보면 퍼블릭 스쿨의 중요성은 대학에 결코 뒤지지 않는다. 즉 대학생 평균 연령 18, 9세~21, 2세, 재학 기간 3년에 비해, 퍼블릭 스쿨 학생은 연령 12, 3세~18, 9세, 재학기간 4년 내지 6년이다. 심신 모두 발육이 한창일 이 시기의 청소년들에게 인격 도야를 기조로 하는 퍼블릭 스쿨 교육이 중요시된 까닭이다.

세간에서는 종종 퍼블릭 스쿨에 대해 영국 지배계급 자제들을 위한 교육기관이라고 한다. 지배계급이라는 단어의 정의에 따라 달라질 수 있겠지만 극소수의 장학생들을 제외하고는 대체로 그러한 부류에 속하는 집안 출신자들이 많다. 또한 과거와 현재를 통해 졸업생들 대부분이 사회의 이른바 지도층으로 활약하고 있는 것도 틀림없는 사실이다. 한편 이 계급에 속하지 않는 대다수 가정의 자녀들은 주로 관공립의 엘리멘트리 스쿨Elementary School, 혹은 그래머 스쿨Grammar school에서 교육을 받는다. 대학 총수는 잉글랜드 11곳, 스코틀랜드 4곳, 웨일즈 1곳. 주요한 퍼블릭 스쿨은 잉글랜드에 31곳, 스코트랜드에 4곳, 웨일즈에 제로(본서가 저술된 1949년 기준-편집자 주). 학생 정원은 그 숫자를 구체적으로 드러내지 않지만 우리들의 통념에서 볼 때 양자 모두 극소수다. 게다가 이러한 고등교육을 받은 사람들은 정관계, 학계, 교직, 성직, 저술가, 그리고 군대의 고위층에 편재되어 있다. 이런 점은 대학 졸업이 사회의 거의 모든 분야에서 취직의 필수 조건이 되고 있는 일본의 현 상태와 현저한 대조를 보인다.

영국의 일반적인 은행, 회사, 상점 등에서는 간부를 빼고는 이러한 학교 출신자가 무척 드물다. 영국 학교 시설이 다수의 학생 수용을 허용치 않고 경영비용이 많이 들기 때문에 학비가 적지 않다는 점도 있겠지만, 요컨대 근본은 양 국민이 교육 그 자체에 대해 갖고 있는 관념의 차이가 원인일 것이다. 어쨌든 퍼블릭 스쿨은 국민 중 극소수의 특권 계급이 이용하는 기관이며 그 출신자들이 사회에 나온 후 여러 가지 의미에서 특별한 대우를 받고 있다는 것은 이블린 워의 말이 뒷받침하고 있다.

한편 빅토리아 시대의 종언을 고하면서 그토록이나 융성을 자랑했던 영국 지배계급의 특권 세력이 점차 하염없이 전락하는 추세였음은 주지하는 바와 같다. 그리고 그러한 쇠락은 제1차 세계대전을 계기로 한층 격화되었고 이어진 정치상의 특권 상실과 함께 경제적 우위 역시 전혀 그 옛날의 자취를 찾을 길이 없다.

앞서 총리 로이드 조지Lloyd George 등이 실시한 가차 없는 개혁 정책이나 현 노동당 내각의 손으로 이루어진 산업 국유화를 중심으로 한 일련의 사회주의 정책 단행은 이 추세에 더더욱 박차를 가하여 최근 정부 발표 숫자가 나타내는 것처럼 영국 사회의 빈부 격차는 현저히 줄어들고 있다. 특히 높은 비율의 소득세와 상속세 영향이 컸다고 지적되는데, 막대한 세습 재산을 안고 있는 병약한 어느 귀족은 '나의 현 재정 상태로는 의료비 지불이 고작일 뿐 죽는다는 것은 미처 생각지도 못할 사치'라며 한탄하고 있다.

그러나 그들의 정치적·경제적 특권 상실이 이처럼 두드러짐에도 불구하고 일반 사회 통념에서 차지하는 영국 지배계급의 우위는 여전히 뿌리 깊다는 점을 부정할 수 없다. 이것은 그들의 국민 감정 깊숙이 숨어 있는 보수사상 혹은 봉건사상이 원인이며, 그 뿌리 깊게 자리 잡은 현상은 오늘날 여타 문명국가에서는 도저히 찾아볼 수 없는 독특한 사회풍조일 것이다. 영국과 그 국민성을 연구하는 자들에 의해 항상 지적되고 논의되어왔던 뚜렷한 특성인데 이것이 조속히 소멸하는 것은 아무리 전 세계적으로 사회사상이 급격히 변동하는 오늘날이라도 일단은 불가능하다고 생각된다. 시간의 흐름에 따라 영구불변할 수는 없겠지만 영국인들의 가슴속에서 적어도 관념적인 지배계급·피지배계급의 차별의식이 완전히 불식되는 날이 그리 가까운 미래에 도래할 것이라고는 생각되지 않는다.

따라서 역시 당분간은 여러 가지 어려움에도 불구하고 퍼블릭 스쿨은 그들 사회에 존치될 것이며 마찬가지로 각종 제약, 특히 경제적인 장애를 극복하고 영국 지배계급이 그 자제들을 계속 퍼블릭 스쿨에 보낼 것은 쉽게 상상할 수 있다. 가히 부러워할 만한 전통 존중의 풍습이라 해야 할지, 혹은 구제불능의 봉건사상의 잔재라고 파악해야 할지는, 요컨대 관점의 차이일 것이다.

패전을 계기로 교육제도 재건에 착수한 일본인들로서는 오늘날 이러한 특수한 성격을 지닌 타국의 학교제도 실태에서 직접적으로 배울 수 있는 바는 적을지도 모른다. 혹은 그 일면에 잠재된 감출 길 없는 진보성 결여에 강한 불만을 품을 수도 있다. 동시에 '퍼블릭 스쿨 정신', '퍼블릭 스쿨 혼'이라 하는, 과거 수백 년에 걸쳐 영국 신사도 수련 도장에서 전해 내려온 것에 대해 약간의 흥미는 가질 수 있을지도 모른다. 현재 일본 사회 일부에서는 구습을 타파하고 새로운 세상으로 향하는 것에 너무 서두른 나머지, 사물의 가치에 대한 공정한 인식이 결여되어 자유와 방종을 혼동하고, 모든 규율을 억제라고 치부하며 배격하는 풍조가 강하다고 지적되고 있다. 이른바 퍼블릭 스쿨 정신이란 이러한 풍조에 대한 강렬한 안티테제인 것이다.

1940년 6월 프랑스 항복 직전, 플란더스 지방에서 우세한 독일군의 엄중한 포위에 빠졌던 영국 장병 30만은 됭케르크Dunkerque를 중심으로 집결하여 극히 험난한 조건하에 모든 종류의 구축선을 동원하며 본국을 향해 퇴각했다. 일명 다이나모 작전으로 알려졌는데 손해가 경미했다는 점에서 기적이라고 불리는, 제2차 세계대전 중 유명한 사건이다.

계관시인桂冠詩人(17세기부터 영국 왕실에서 국가적으로 뛰어난 시인을 일컫는 칭호-편집자 주) 존 메이스필드John Masefield는 『9일간의 경이』라는 제목으로 멋진 현지보고를 썼는데, 그 말미에 게재한 짧은 시 안에는 놓칠 수 없는 한 구절이 있다. 사흘 밤낮을 부서진 뗏목으로 해상을 표류하여 몸과 마음이 완전히 지쳐버린 병사가 새벽이 밝아오자 상반신을 일으켜 고개를 들어 엷은 안개 저 너머로 도버 해협의 하얀 낭떠러지를 바라보는데, 바로 그 병사의 입술이 '자유의 소금'에 젖어 있었다는 것이다.

시인은 여기서 자유를 소금에 비유했는데, 소금이 우리 생활에 얼마나 필수불가결한 존재인지는 전쟁 중 우리들의 몸으로 절실히 실감했던 바이다. 그런 소금에 비유하며 자유를 존중하는 영국인들이 자신들의 자식의 정신을 단련하기 위하여 굳이 그 자유를 버리고 돌아보지도 않는다는 사실이 퍼블릭 스쿨의 일상생활에 잘 나타나고 있다.

그럼 순서에 따라 그 기원을 간단히 더듬어보자.

중세 시대 유럽 교육은 수도원을 중심으로 이루어졌는데, 1387년 영국에서 위컴 윌리엄William of Wykeham이 옥스퍼드의 뉴 칼리지New College를 위해 윈체스터 스쿨Winchester School을, 이어서 1440년 국왕 헨리 6세가 케임브리지의 킹스 칼리지King's College를 위해 칙허장으로 이튼 스쿨을 제각기 예비학교로 창립시킨 것이 퍼블릭 스쿨의 기원이라 일컬어지고 있다.

칙허장에는 '특히 세속에 있는 성직자(수도원 규약에 의거하지 않는 성직자)의 교육 표준을 끌어올리기 위함'이라는 목적을 분명히 하면서 학생 정원은 70명으로 한정하고 있다. 현재 이튼의 학생 수는 1000여 명에 가까운데 이 안에는 극히 엄중한 시험을 통해 선발된 70명의 장학생이 포함되어 있다. 연간 245파운드에 상당하는 장학금을 받고 있는 장학생들의 존재는 이러한 창립 당시의 흔적이다. 장학생은 커다란 명예로, 그들은 특히 'Collegers'라고 불리며 나머지 학생들인 'Oppidans'와 구별된다. 전자는 '학교 내에 기숙하는 자'란 의미이며 후자는 라틴어 'oppidum' 즉 '성벽을 둘러싼 성읍'의 의미에서 단순히 도시, 'oppidan'은 도시인, 시민이란 뜻인데, 이튼 스쿨의 경우에는 더 나아가 '마을의 여염집 하숙에 사는 학생'으로 뜻이 바뀌었다고 한다. 물론 오늘날에는 전교생이 학교 안에서 기숙사 생활을 하고 있다. 하지만 이런 명칭들은 누차에 걸친 시설 확충이 학생 수 증가를 따라잡지 못해 학생들이 교외에 빠져나가 버렸던 상황을 보여준다고 생각되어 매우 흥미롭다.

창립 당초 이 학교들은 문자 그대로 예비학교로서 윈체스터, 이튼을 졸업한 자는 각각 그대로 뉴 칼리지나 킹스 칼리지로 진학했던 것으로 기록되고 있다. 그러나 현재에는 당연히 이러한 학교 출신자들도 타교와 마찬가지로 입학시험을 봐야 하는데 특수한 관계는 여전히 계속되고 있는 것으로 보여 이 코스를 거치는 사람들이 많다. 전 재무장관 휴 돌튼Hugh Dalton도 이튼 스쿨을 거쳐 킹스 칼리지를 나온 한 사람이다.

16세기에 이르러 종교개혁의 격동기에 수도원들은 몰락했지만 그 때문에 왕족, 귀족, 고위 성직자 등은 수도원 시설, 기금을 교육 목적으로 전용하고 그 비호 아래 속속 학교들이 생겨났다. 영국의 주요한 퍼블릭 스쿨 31개교 가운데 가장 오래된 위의 두 학교를 제외하고, 17개교가 16세기에, 남은 12개교가 19세기에 창립된 것이기 때문에 그동안 200년의 명백한 공백이 보인다. 요컨대 오늘날의 퍼블릭 스쿨은 종교개혁 시대에 창립된, 이른바 '중세 퍼블릭 스쿨'과 19세기의 교육부흥 기운에 따라 생겨난 '근세 퍼블릭 스쿨'의 두 집단으로 분류할 수 있다. 물론 근세 그룹이라 해도 그중 가장 새로운 리스 스쿨이 1875년에 창립되었기 때문에 이 근세라는 형용사에는 일본인의 감각과는 적지 않은 '어긋남'이 있다는 점을 잘 헤아려야 한다.

'중세 그룹' 중에는 아름다운 고딕풍 대사원으로 널리 알려진 같은 이름의 도시에 있는 원체스터, 원저의 별궁과 가깝고 일본에서 온 여행자들도 종종 방문하여 옛날부터 친숙한 이튼 스쿨뿐만 아니라 여러 학교가 있다. 도회지, 특히 도쿄에 주요한 학교들 대부분이 집중해 있는 일본의 현 상태와 대조적으로 31곳에 이르는 학교 가운데 런던에 있는 것은 겨우 4곳에 지나지 않는데, 그중 세인트폴 스쿨St Paul's School과 웨스트민스터Westminster, 교장 토마스 아놀드Thomas Arnold의 빛나는 명성과 럭비식 축구 발상지로 알려진 럭비 스쿨Rugby School, 이튼 스쿨과 함께 명문 자제들이 많이 모이고 둔재 볼드윈Stanley Baldwin이나 열등생 처칠을 세상에 배출한 해로 스쿨Harrow School, 북부 프랑스의 생 토말에서 18세기 말에 영국으로 옮겼다는 스토니허스트stonyhurst 등의 학교들이 비교적 그 이름이 널리 알려져 있다.

또한 '근세 그룹'에는 평탄한 이 나라에서는 보기 드물게 중부 구릉지대에 있기 때문에 풍광이 아름답기로 유명한 첼튼엄Cheltenham, 마빈, 저명한 군인을 다수 배출한 웰링턴Wellington과 헤일베리, 제2차 세계대전 때 본토방위사령부가 있었기 때문에 최근 출판된 처칠의 회상록에도 종종 그 이름이 나오는 남해안의 랜싱Lancing, 케임브리지 마을에 위치했기 때문에 이미 20명 가까운 일본인 졸업생을 배출하였고 폐하가 황태자 시절 영국을 방문했을 때도 특별히 참관했던 리스 스쿨 등, 모두 세간에 그 이름이 널리 알려진 학교다.

15, 6세기 창립 당초 퍼블릭 스쿨의 본래 목적은 학자금 마련이 어려운 수재를 교육한다는 견지에서 주로 성직자 계급의 자제를 대상으로 했다. 한편 귀족들은 대체로 새로운 문화를 백안시했으며 교육에는 무관심하거나 그렇지 않으면 가정교사에게 자녀교육 일체를 일임해버리고 스스로는 전혀 이를 살펴보지 않는 경향이었다. 학교 교육에 대한 상류계급의 편견은 상당히 그 뿌리가 깊고 동시에 장기간에 걸쳐 지속되었던 것 같다.

17세기에 존 록John Locke이 『교육론』(1693년 출판)을 통해 여전히 가정교사 제도의 이익을 강조하고, 대니엘 디포Daniel Defoe 역시 『완전한 영국 신사』(1729년 출판)를 통해 일반적인 학교 내에서는 도저히 기대할 수 없는 고도의 현장 훈련을 주장하고 있는 것은 이런 풍조가 여전히 남아 있던 탓으로 보인다.

그러나 이 무렵부터 귀족계급들이 가지고 있던 교육에 대한 인식은 점차 바뀌었고 그에 따라 자제들을 취학시키는 사람들이 증가했다. 동시에 영국 국교 세력을 배경으로 의지했던 그들은 온갖 기회를 통해 중산계급 출신자들이 다수를 차지하고 있던 학교 내 청교도 분자들을 압박해갔다. 후자는 산업혁명 진전에 따라 대두한 유복한 신흥계급에 속했고 수적으로는 우위를 보였지만 국교 고위 성직자들과 깊은 관련을 가진 비교적 소수의 귀족 자제 세력에는 아직 대항할 수 없었다. 지금도 역시 퍼블릭 스쿨 생활 어딘가에 남아 있는 귀족풍은 이런 부분에서 유래한다는 설도 제기되고 있다.

제도

그렇다면 현대 영국 퍼블릭 스쿨은 어떠한 제도로 운영되고 있을까. 대학, 물론 옥스퍼드나 케임브리지 양교에 국한되지만, 어쨌든 대학의 경우 그 사정이 비교적 외국인들에게 잘 알려져 있는 데 반해 퍼블릭 스쿨에 대해서는 거의 알려지지 않고 있다. 미국에서는 명칭을 같이하지만 성질이 전혀 다른 학교제도가 있기 때문에 양자가 혼동되어 오히려 바른 인식을 방해하고 있다고 한다.

영국의 초등, 중등 교육에 관한 현 제도는 그 후 수많은 변천을 거치기는 했으나 우선 대체로 1902년에 제정된 교육법령에 근거하고 있다. 종래 종교 교구별로 구분되어 그 구역 내에 정주하는 성직자와 유력 가문과의 합의에 따라 개별적으로 운영되어왔던 엘리멘트리 스쿨(초등), 그래머 스쿨(중등)은 이 법령에 의해, 카운티county(현) 또는 보로borough(시읍) 의회에 새롭게 설치되어 의원 1명과 외부에서 선출된 특별위원 4명 이상으로 구성된 교육위원회 관리하에 들어갔다. 의무교육기구가 지자체에 의해 운영되는 것이다. 동시에 국고로부터 보조금을 받게 되면서 정부교육당국이 점차 강력한 발언권을 가지고 임하게 되었다. 개개의 경우에 따라 사정도 달라졌겠지만 정부에서 파견된 관료는 상당한 권력을 휘둘렀을 것으로 짐작된다.

이러한 초등, 중등학교는 의무교육이라는 표면적 이유에 의해 당연히 무상을 원칙으로 하며 극소수의 예외를 제외하고는 보통 전교생 통학 제도를 실시한다. 이런 엘리멘트리, 그래머 계통의 관공립학교는 당연히 학생 정원도 많고 자금상 제약도 있어서 시설이나 교직원 자질 등에서도 사립학교에는 도저히 미치지 못한다. 학부형에게 부과되는 경제적 부담이 비교가 되지 않을 정도로 경미하기 때문에 일반 가정에서는 자녀 교육을 이곳에 의탁하고 있다. '서민학교'라는 이름이 붙은 것은 바로 이 때문이다.

이에 반해 통상적으로 프렙 스쿨(초등), 퍼블릭 스쿨(중등)이라 불리는 계통의 학교가 있는데 엄밀한 의미에서 이런 학교들도 제각기 엘리멘트리 스쿨, 그래머 스쿨의 일종에 지나지 않는다. 단지 앞서 언급한 관공립학교와 구별하기 위해 편의상 이러한 명칭이 사용되고 있는 것이다. 모두 사립이라는 점, 전교생 기숙사 제도라는 점, 이 두 가지를 빠뜨릴 수 없는 전제 조건으로 하고 있다.

그 경비는 대대로 내려오는 기본재산과 그로부터 발생하는 이자, 여러 가지 형식의 금전 기부, 또는 미국 일부를 제외하고는 달리 그 예를 찾아볼 수 없는 고액의 수업료, 기숙사 비용 등으로 충당하고 있다. 국고 보조금에 의지하지 않기 때문에 정부의 간섭을 받지 않는다는 점이 표면적으로 강조되고 있기는 하지만 현실적으로는 제1차 세계대전 이후 물가 폭등 추세에 대처하기 위해 어쩔 수 없이 재정적 원조를 바라고 있는 학교가 적지 않다는 설도 있다. 다 그렇다고는 할 수 없겠지만 정부로부터 보조금을 받으면서 그에 따른 참견을 일체 배제하는 것이 과연 가능할지, 그여부는 지극히 미묘한 문제일 것이다. 그러나 대다수의 퍼블릭 스쿨, 특히 전통이 오래되고 격식 있는 유력한 학교에서는 사학의 독립이 완벽히 지켜지고 있다고 일반적으로는 믿고 있다.

이와 같이 퍼블릭 스쿨이란 사립 중등학교이며 재학생 연령과 졸업생들 대부분이 대학에 진학한다는 점에서 일본의 기존 중학교와 고등학교를 합친 것에 해당한다고 봐도 무방할 것이다. 단 사립이라는 실체를 '퍼블릭'이라는 단어로 형용하고 있는 점에 기묘한 느낌이 든다.

전통에 대한 애착이 강하고 쉽게 낯선 것과 친숙해질 수 없는 국민성 때문에 영국인 사회에는 명칭과 실체가 유리되고 모순된 예가 많다. 영국인들이라고 해서 처음부터 의식적으로 실제와 맞지 않는 이름을 붙이는 것은 아닐 것이다. 다만 시간의 경과, 사정의 변화 등으로 그 내실이 변하거나, 또는 이름과 차이가 발생해도 예민하게 일일이 그것을 바꾸지 않는 것뿐이다. 게으르다고 해야 할지 둔감하다고 해야 할지, 그런 부분에 대해 묘하게 요령을 잘 터득하고 있는 영국인들에게야 별 상관이 없겠지만, 사정에 어두운 자들에게는 불편하기 짝이 없다. 스코틀랜드 야드Scotland Yard가 런던 경시청이거나 크라이스츠 호스피털Christ's Hospital이 학교인 경우도 있으니, 영어를 잘 못하는 사람을 괴롭히는 경우가 너무 많다고 할 수 있다.

종교개혁의 여파로 수도원이 일반인 교육을 위해 개방된 창립 당시에는 퍼블릭 스쿨이라는 이름이 실체를 가지고 있었을 것이다. 그러나 그 발전에 따라 학교의 성질이 변해버린 후세에도 여전히 그 명칭을 바꾸지 않기 때문에 자연히 모순이 생기는 것이다. 게다가 스코틀랜드, 대영제국 각 자치령 식민지 및 미합중국에서는 국가, 연방, 주, 지자체 등 공공 기관에 의해 설립·운영되고 있는 '관립', '공립' 학교를 본래의 의미에 따라 퍼블릭 스쿨이라 부르고 있기 때문에 프라이빗이라고 해야 할 것을 퍼블릭이라고 형용하는 영국의 태평스러운 성격이 한층 눈에 띄는 것이다. 거듭 반복하지만 영국의 퍼블릭 스쿨은 어디까지나 사립이라는 것을 이해하는 것이 그 실체 파악의 가장 중요한 첫걸음이다.

영국의 이른바 중하위 계층에 속하는 가정에서는 보통 5, 6세에 그 자녀를 엘리멘트리 스쿨에 입학시키고 미리 정해진 과정을 밟아 14, 5세에 그래머 스쿨을 졸업하면 즉시 실제 사회에서 활약하게 한다. 그동안의 교육은 종래 일본 초등학교 또는 중학교와 비교하면 훨씬 현실에 중점을 둔 직업 교육적 경향이 현저하다. 일단 '세가지 R'이라 불리는 읽기·쓰기·계산의 기본지식을 흡수하면 그 다음엔 '직업을 가지기 위한 기술을 익힌다'는 측면에 노력이 집중되는 듯하다. 톱으로 목재를 자르거나 벽돌을 늘어세우거나 천들을 재단하거나, 남자든 여자든 그러한 실습을 하게 된다.

이것이 끝나면 대다수는 그대로 사회에 진출하는데 일부 성적이 우수한 졸업생은 사범학교나 기타 전문학교로 진학한다. 이것을 마치면 그중 극소수의, 극히 성적이 우수한 수재들이 여러 대학에 입학한다. 어느 쪽이든 잘 발달한 장학금 제도가 활용되고 있다. 이런 편의 제공이 없었다면 이 나라 학부형들은 실리적 견지에서 자녀들이 고등교육을 받는 것에 대해 매우 주저했을 것이다. 귀중한 시간과 금전을 공허한 학문 따위에 소비하기보다는 빨리 사회로 나아가 실무를 몸에 익히는 편이 결국 학부형이나 자녀 양쪽의 이익이라는 생각이다. 부모뿐 아니라 자녀 스스로가 착실히 이득과 손해를 판단하고 그저 쓸데없이 '상급 학교를 동경한다'라는 마음을 가지지는 않는다. 조상 대대로 내려온 전답을 팔아서라도 아들에게만은 사각보를 씌워주겠다는 용맹스런 특공대 정신을 가지지 않는다.

실제 사회 측에서도 모든 직업 부문에 꼭 고등교육을 받은 사람을 원하는 풍조는 없다. 목사, 의사, 교원, 법률가, 건축가, 그 외

이른바 '전문가'들을 빼고는 대학이나 고등전문학교 등의 졸업증서는 취직의 필수조건이 되지 않는다. 특히 일반 은행, 회사, 상점 등에서는 수년간 교실에서 일방적으로 주입된 학식보다도 같은 기간 동안 직장에서 쌓아올린 실무 경험을 중시하는 경향이 있다. 사원의 성적은 업무상으로 나타난 실력에 의해서만 판단되는 것이 보통이며 학력에 의한 급여의 격차라든가 학벌에 의한 사내파벌의 대립이라든가 하는 것은 거의 없다고 해도 무방하다. 만약 법학사 자격증을 가진 경찰이라든가 경제학 학사 출신의 보험권유원이 있다면 즉시 박물관의 표본이 될 것이다.

요컨대 대학이나 고등전문학교 같은 곳은 고도의 학문을 수련할 인간을 위한 시설로, 설령 집안 경제가 허락한다고 해도 이것을 배울 소질이나 의욕을 가지지 않는 사람이 뜻을 품는 곳은 아니라고 하는 것이 당연한 상식인 것이다. 학교란 학문을 하는 인간이 가는 곳, 그렇지 않은 인간은 가지 않는 곳, 이 얼마나 확실한가. 학문에 뜻을 품고 있는 학생이 '금일 휴강' 게시물을 보고 손뼉까지 쳐가며 기뻐하는 심리상태를 영국인들은 도저히 이해할 수 없을 것이다.

그러나 만약 사회 중견 계급이 지나치게 공리적인 경향으로만 편향되어 혹여 고등교육과 완전히 인연을 끊어버리는 일이 생긴다면 그것은 심히 중대한 일이라고 말하지 않을 수 없다. 그럴 경우 우선 민주주의의 중요한 원칙의 하나인, 교육의 기회 균등을 용인하지 않는다는 사태가 발생할 것이다. 훌륭한 소질을 가지고 왕성한 학구열에 불탔던 청소년이 학문에 대한 학부형의 몰이해 때문에 전도유망한 앞날을 헛되이 해버릴 수밖에 없는 경우가 있을 수 있다. 또 다른 측면에서 보자면 학문 연구를 위한 인재 공급이 사회 상층의 극히 일부분에 국한되기 때문에 필연적으로 그 침체나 퇴보를 피할 길이 없다.

실제로 영국에서 이런 경향이 눈에 띄게 강하게 표출된 시기가 있었다. 그 결과 일부 특수계급에 의한 학문 독점을 타파할 필요가 절실히 요구되어 오늘날처럼 완벽에 가까운 장학금 제도가 발달할 수 있었던 것이다. 그러나 이것 역시 만족스러운 해결책이라고는 볼 수 없기 때문에 여러 곳에서 이 문제가 논의되고 있는 실정이다.

나아가 이 문제에 대해 좀 더 깊이 파고들어 가면 영국 국민 가슴 깊숙이 뿌리내리고 있는, 구제할 길 없는 무교양주의, 속물근성과 부딪히게 된다. 지금에야 초등교육은 어느 정도 보편화가 이루어져 고등교육만이 문제가 되고 있지만, 이 나라에서 초등교육의 보급마저 의심과 두려움에 찬 시선을 받고 있었던 것은 그리 먼 과거의 일이 아니다.

1832년 선거법 개혁은 영국 역사상 기억할 만한 이정표인데 그 중대한 의의는 국정을 움직이는 원동력이 귀족지주 등의 손에서 유복한 상공업 계급으로 옮겨졌다는 점에 있다. 그러나 문화교양의 측면에서만 보면 귀족지주 계급에는 문화교양의 전통이 몸에 배어 있었지만 철과 석탄에 의해 부를 축적해온 신흥 상공업 계급에게는 이것이 거의 결여되어 있었다. 그뿐만 아니라 그들은 물질주의적 인생관에서 벗어나지 못한 채 문화교양을 적극적으로 경시하는 경향마저 강했던 것이다.

인도주의적 견해를 가지고 있던, 혹은 인도주의적 견해가 현저한, 그러나 극소수에 불과했던 예외의 사람들을 제외하고는, 그들이 부리는 노동자가 스스로 인간으로서 자각하는 것은 그들에게 있어서 불이익이었으며 모든 계몽은 반역이라고까지 생각하고 있었다. 따라서 그들에게 교육의 보급은 '필요조차 없는 해악'(필요악 malum necessarium이라는 상용어의 반대어)이었을 뿐이다. 한편에서 일어나고 있던 의무교육실시 주장에 대해서는 '지식은 인간이 안심할 수 있는 것을 방해하고 유익한 작업에 대한 의욕을 꺾는다'라든가, '아이에게 어떠한 교육이 필요할지는 그 부모 판단에 맡기는 것이 지당하다'라는 반박을 그들은 아무런 부끄러움 없이 해왔다. 이러한 논의가 어느 정도 당시 사회에 통용되었기 때문에 그저 놀랄 뿐이다. 아동들의 노역에 의한 1주일 몇 실링의 수입이 일반노동자 집안 살림의 중요한 항목이었던 시대다, 라고 하면 어쩔 수 없다는 측면도 있겠지만 말이다.

당연한 귀결로서 이에 이어진 한 시대의 혼란과 무질서는 영국 교육사에 씻을 수 없는 오점을 남겼다. 교육의 위신은 완전히 땅에 떨어졌고 그 혼란상은 이미 수습이 불가할 지경이었다고 한다.

그러나 여기서 주목해야 할 점이 있다. 영국 사회가 가진 하나의 특이성인데, 이 나라에서는 뭔가 철저하게 효율적인 제도가 확립되기 전에 그것에 대해 먼저 이와 같은 혼란이 일어나는 경우가 오히려 필요하다는 점이다. 지방자치제도 확립 경위나 아일랜드 문제 해결도 이를 증명해주는 좋은 예라고 할 수 있다.

다른 나라에서는 치명적이라 생각되는 이러한 혼란도 영국에서는, 단지 영국에서만은, 치명적이기는커녕 오히려 사태 개선의 필수조건으로 간주된다. 이럴 경우 영국 사회에서는 항상 소수의 탁월한 선각자가 나타나 자발적으로 단체를 결성하고 그 힘으로 과도적인 사태를 처리해간다. 그리고 그들의 노력에 의해 혼란의 파장이 수습되고 해결의 기미가 보이기 시작하며 그 이후의 경영이 개인의 힘으로는 역부족이라는 것이 판명되는 시기에 도달하면 한편에서 사회 여론이 들끓면서 결국 국가를 움직여 국가의 손에 이것을 이어받게 하는 것이다. 정부가 먼저 손을 대서 국민에게 강요하고 결과가 달갑지 않으면 당장 내던져 버리는 경우가 많은 일본의 방식과는 완전히 반대라고 할 수 있을 것이다.

영국 교육사의 이 혼란기, 당시 무간섭주의를 신봉하는 맨체스터파 자유주의자의 발언권이 컸던 정부는 헛되이 이를 수수방관할 수밖에 없었다. 사태를 그냥 내버려둘 수 없다며 여기에 제레미 벤담Jeremy Bentham, 제임스 밀James Mill 부자, 또 다른 한편에서 그들과 사상적으로 대립하고 있던 콜리지Coleridge, 그리고 섀프츠베리Shaftesbury 경 등 교회에 속한 일파 사람들이 제각기 별개의 단체를 결성하여 의무교육제도 실시를 위해 진력했다. 그리고 이 양자를 결합한 압력이 마침내 정부를 움직여 1839년 추밀원 내에 제임스 케이 셔틀워스James Kay Shuttleworth를 장관으로 교육에 관한 여러 문제와 장래의 방침을 검토할 것을 목표로 하는 부서가 만들어졌다.

그 시책 중 하나로 매년 전국에서 일제히 시행되는 시험 성적에 따라 여러 학교에 대해 정부가 보조금을 지급하는 제도가 만들어졌으며 그 결과 학교 운영에 대한 정부의 발언권이 점차 강화되었다. 이 사이에 앞서 언급한 두 단체의 계몽운동은 순조롭게 진행되었고 아직 법률에 의한 강제 취학은 실시되고 있지 않았음에도 불구하고 1860년 무렵에는 전 인구의 약 7분의 1이 이미 통학을 하고 있었다고 한다.

그러나 학교에서 제공된 교육의 질은 놀랄 만큼 조악했던 모양이다. 학교 경영의 사활을 쥐고 있는 정부보조금, 그 액수를 결정하는 1년에 단 한 번의 시험이 초등과목에만 치우쳐 있었기 때문에, 학교 당국은 오로지 하급 학생들의 수업에만 전력을 집중했다. 이에 따라 다른 학급들을 돌아보지 않았다는 점, 그리고 당연한 결과로서 하급생에게 부당하게 가혹한 시험공부를 강요했다는 점, 이 두 가지가 당시 교육의 질을 저하시켰던 원인이었다.

1870년에 이르러 글래드스턴Gladstone 내각은 일대 개혁을 단행했다. 경영에 어려움을 겪고 있는 학교가 소재한 교구에 적절한 교육비 부담의 의무를 지우고 동시에 교구에 거주하는 성직자와 유력가들로 이루어진 위원회에 강제 취학 여부를 결정할 권리를 부여했다. 그리고 마침내 1876년, 디즈레일리Disraeli 내각에 의해 전국에 의무교육제도가 실시되었고 1899년에는 정부 내에 처음으로 독립된 교육국이 설치되었다. 처음에는 장관 1명, 정무차관 1명, 고문위원 7명을 중심으로 구성된 작은 기구였는데, 이것이 현재 일본의 문부성에 해당하는 영국 교육국의 전신이다.

앞서 기술한 바와 같이 1902년 교육법령은 학교 운영을 교구에서 지자체 손에 넘겼는데 동시에 국고에서 보조금을 지급하게 되었고 이에 따라 학교에 대한 정부 교육국의 간섭이 강화되었다. 그러나 그 간섭은 학교 운영의 근본방침에 한정되었고, 교직원의 임면, 교과서 선정 등, 개개의 문제에까지는 미치지 못했다고 한다.

그렇다면 영국의 의무교육은 정부 교육국의 손에 의해 위로부터 국민에게 부여된 것이 아니라 앞서 열거한 일군의 선각자, 그리고 조제프 랭커스터Joseph Lancaster, 앤드류 벨Andrew Bell 등의 공적이 기억되어야 할 것이다. 인도주의적 견지에서 형무소 시설의 근대적 개량에 진력했던 존 하워드John Howard나 일반행정의 근본적 개혁을 실현시킨 에드윈 채드윅Edwin Chadwick 등 마찬가지로 다난한 험로를 극복해서 공공 복지에 공헌한 사람들은 영국 역사상 결코 드물지 않다. 스스로의 명예나 사사로운 이익을 추구하지 않고 독립과 희생에 대한 독실한 정신을 지니며 결코 굴하지 않는 늠름한 기백을 가진 것이 이 사람들의 성격에 나타난 공통된 특징으로 보인다.

중류나 하층 계급 가정에서 교육을 어떻게 시켰는지는 앞서 대략적으로 서술한 대로지만, 그 몰락이 항상 언급되어왔고 현실적으로도 이미 구태를 서서히 잃어버리고 있었음에도 여전히 뿌리 깊게 영국 사회에 잔존해 있던, 이른바 '지배계급' 자제들의 공부 방식은 이와는 사뭇 분위기를 달리하고 있었다.

그것은 우선 가정의 훈육에서 시작되는데 모친이 중심이 된 영국 가정의 훈육이 얼마나 엄격했는지는 세계적으로 정평이 나 있다고 해도 무방할 것이다. 삶에서 가장 오래된 기억이란 사람들이 즐겨 말하는 화제지만, 영국인은 종종 '엄마에게 혼났던' 이야기를 한다. 그것이 그들에게는 가장 오래되었고 가장 그리운 추억일 것이다.

4, 5세가 되면 가정교사가 붙는다. 요즘은 특수한 경우를 제외하고는 독신이자 상당한 연배의 부인일 경우가 보통인데, 빅토리아 시대 말기까지는 남성인 경우도 드물지 않았다. 그들은 이른바 튜터tutor인데, 인격의 기초가 형성될 즈음의 자녀들에게 중대한 감화를 끼친다는 점에서 높은 교양과 훌륭한 학식을 겸비할 것

이 요구되었다. 그 가정의 소중한 일원으로서 후한 대접을 받았으며 쾌적한 환경에서 자신의 연구를 계속할 수도 있었고, 그 사이 가정에 출입하는 유력자와 인맥을 형성하는 기회도 생겼으며 자제가 유럽 각지로 수학여행을 갈 때 동반하여 스스로의 견문을 넓히는 혜택도 있었다. 긴 시간 동안 사제 사이에는 아름다운 우정이 생겨나 상호에게 유익한 평생에 걸친 우정이 시작되는 인연이 만들어지는 예도 적지 않았다. 청운의 뜻을 품었지만 한때는 이러한 처지에 놓였던 올리버 골드스미스Oliver Goldsmith나 윌리엄 코벳 William Cobbett의 일생 중 어떤 시절이 떠올려진다.

반면에 이 제도가 실패로 끝날 수 있는 것도 쉽게 상상할 수 있다. 교육에 이해가 부족한 양친이 불필요한 간섭을 행사하거나 의지박약한 가정교사가 자녀에게 아첨하며 오냐오냐 하면서 스스로 존경과 신뢰를 잃어버릴 경우, 폐해는 실로 치명적이다. 요는 사람을 잘 골라야 할 것이다. 20세기에 들어와 영국 가정에서 점차 이 제도가 사라져 간 것은 주로 경제적 요인 때문이며 제도 그 자체에 대한 신뢰는 없어지지 않았다고 봐도 무방하다.

가정교사 밑에서 그대로 초등교육을 받는 사람도 있었지만 보통은 7, 8세에 프렙 스쿨preparatory school에 입학한다. 일반적으로 생략해서 '프렙 스쿨'이라 부르는데, 이것은 일반 가정 자제들이 배우는 관공립의 엘리멘트리 스쿨과는 엄밀히 구별되지 않으면 안 된다.

학생 5, 6명을 맡는 작은 학원 같은 형태부터 수백 명을 관리하는 대규모에 이르기까지 그 종류는 실로 각양각색이다. 평판이 좋은 학교에는 당연히 학생들이 많이 몰리는 경향이 있는데, 학생

수가 많다고 무조건 양질의 학교라고 판단할 수도 없다. 수십 명 정도만 다니는 작은 규모라도 우수한 교원과 시설을 갖춰서 오히려 큰 효과를 거두고 있는 곳도 적지 않기 때문이다.

프렙 스쿨의 대부분은 도심을 벗어나 온화한 기후와 풍광이 아름다운 깨끗한 환경을 택하고 있다. 종종 신학기가 시작될 무렵 런던으로부터 남해안 휴양지나 중부 호반 구릉지방으로 향하는 차 안에서 엄마와 자녀로 구성된 그룹들을 발견하는 경우가 있다. 형형색색의 '학교 색'으로 된, 작은 접시 모양의 동그란 유치원 모자를 뒤로 젖혀 쓰고 회색 플란넬 직물로 된 옷에 통통한 무릎을 그대로 드러내 놓고 있는 아들은 얌전한 자태로 소년 잡지에 정신을 쏟고 있다. 때때로 입 안의 캐러멜이 신경 쓰이는 듯하다. 감기에 걸리면 곧바로 학교 의사선생님에게 갈 것, 집에 편지를 좀더 길게 쓸 것, 그런 당부를 어머니는 언제까지고 마냥 반복하고 있다. 내일부터 시작되는 3개월간의 이별은 어머니에게도 괴로운 노릇이다.

혼잡한 지역이라면 몰라도 런던 거리에서는 좀처럼 아이들의 모습을 볼 수 없다. 아이들을 길에서 놀게 하지 않는 습관 때문이기도 하겠지만 길에서 그들과 스쳐 지나가는 일조차 드물다. 특히 휴가철에 기획되는 낮 동안의 어린이용 상연을 제외하고는 극장, 영화관, 그런 곳에도 없다. 식당, 백화점, 도대체 어디에 있단 말인가. 축구나 크리켓 경기장에서도 그 수는 그리 많지 않다.

가정을 방문한다. 없다. 물어보면 시골 학교에 갔다고 한다. 그런 가정의 아이들은 7세나 8세부터 청년이 될 때까지, 한 해 세 번의 휴가를 제외하고는 15, 6년이란 긴 세월을 집에서 멀리 떨어진 지방 학교에서 기숙사 생활을 한다. 프랑스인 등과 달리 영국인이 스스럼없이 훌쩍 해외로 떠나는 습관을 가지고 있는 것은, 어쩌면 이런 점에 하나의 요인이 있을지도 모른다.

대체로 유복한 영국 가정은 대부분 지방에 그 본거지가 있다. '사유지estate' 등으로 불리며 이것이 이른바 '본가'다. 그들이 말하는 런던의 '타운 하우스'란 양친이나 성년에 달한 자녀가 임시로 사용하거나 주로 봄, 가을 각각 몇 주 동안의 사교철에 일시적으로 체재하는 '별장'에 지나지 않는다. 런던과 옥스퍼드 혹은 케임브리지 사이의 거리는 거리로 봐도 제각기 도쿄에서 유가와라湯河原 간, 기차나 자동차 소요시간으로 말하면 거의 도쿄에서 치가사キ茅ヶ崎에 해당하는데, 이러한 학교에서도 런던을 모르는 학생들은 결코 드물지 않다. 모든 사물의 중심이 도쿄에 있고 도쿄를 모르면 인간으로서 수치인 것처럼 말하는 일본과 비교하면 기이한 느낌마저 들지만 이것은 사실이다. 어른과 어린이의 생활이 확실히 구별되고 아이들을 도회지 구경에 데리고 다니는 것을 그다지 선호하지 않는 일반적인 풍조 때문일 것이다.

그 대신, 이라는 것도 우습지만, 런던 빈민가에서는 소를 본 적이 없는 아이들이 있다. 언젠가 이러한 아이들에게 여름 캠프 생활을 시켜주자는 자선단체 기금 모집 가든파티에 가본 적이 있다. 석상에서 처칠 수상이 일어나 느닷없이 '여러분들은 소를 본 적이 있는가?'라고 말했다. 웃음소리가 터져 나온다. 아이가 울고 있는 듯한 그 얼굴에 일순간 노여움이 스쳐 지나가더니 '당신들은 웃으신다. 하지만 당신들은 우유 가게 배달차와 통조림 라벨에서밖에 소를 본 적이 없는 아이들이 우리와 함께 생활하고 있다는 이 부끄러운 사실을 알고 웃으시는가. 그들에게 걷고, 꼬리를 흔들고, 풀을 먹고 음메 하고 우는, 진짜 소를 보여주시길 바랍니다. 신사숙녀 여러분, 고맙습니다.' 지금도 잊을 수 없는 연설이다.

프렙 스쿨의 제도와 생활은 그 후에 이어지는 퍼블릭 스쿨과 비교해서 본질적인 차이는 거의 보이지 않는다. 그저 연령상 단련이나 고행의 엄격함이 약간 완화되어 있을 뿐이다. 따라서 다음에 언급할 퍼블릭 스쿨에 관한 상세한 내용은 대체적으로 프렙 스쿨의 사정과도 공통되는 점이 많다. 그런 의미에서 퍼블릭 스쿨은 프렙 스쿨의 연장이며 양자 사이의 차이는 대학교육과의 사이만큼 커다란 차이점은 없다고 할 수 있다. 대체적으로 옥스퍼드, 케임브리지 졸업생으로 관공립 초등학교 교원이 되는 자는 전무하다 해도 좋을 정도지만 사립의 프렙 스쿨 교원이 되는 사람은 상당히 많고, 게다가 우수한 성적으로 졸업한 학생들일 경우가 많다. 대우의 차이도 물론 하나의 원인이겠지만 역시 프렙 스쿨이 차지하는 사회적 지위가 훨씬 우위에 있음을 보여준다고 할 수 있을 것이다.

그들은 말 그대로 소년들과 함께 기거하며 훈육을 평생의 천직으로 받아들이고 이에 만족하는 생활을 보내고 있다. 성적 여하를 떠나 프렙 스쿨에서 퍼블릭 스쿨이나 대학 교원으로 '승격'할 일도 없고, 다른 프렙 스쿨로 전근을 가는 경우도 극히 드물다. 그들 사이에서는 봉직하는 학교의 수준에 따라 교사가 세간으로부터 차별대우를 받는 일도 없다. 군인들의 계급과는 전혀 다른 것이다. 또한 그들 스스로가 그것을 의식하여 승진 경쟁을 일삼는 무개념한 풍조 역시 전혀 찾아볼 수 없다. 한 학교에 자리를 잡았다면 일단 평생 그곳을 떠나지 않는 것이 보통이다. 출세를 위해 일시적으로 잠시 머물다 가는 곳으로 생각하기에는 그들의 사명이 너무나 엄숙한 의의를 가지고 있음을 자각하고 있기 때문이다. 물질적 보상은 크지 않다. 그러나 그들에게는 달리 기대하는 바가 있다. 어린 영혼에게 생명을 불어넣고 아직 잠들고 있는 선함과 고귀함을 깨어나게 하는 기쁨이다. 그러나 이것은 한 사람의 프렙 스쿨 교사에 국한된 일은 아닐 것이다. 퍼블릭 스쿨 교사, 아니 영국뿐 아니라 널리 이 세상 끝까지, 학교 교사라는 사람들 모두의 가슴속에 강하게 일맥상통하는 하나의 신념일 것이다.

프렙 스쿨 재학 연한年限에는 일본 같은 엄중한 규정이 없기 때문에 7, 8세에 입학한 학생이 몇 살에 졸업하는가는 일률적으로 말할 수 없다. 원칙적으로는 5, 6년 재학, 즉 12, 3세에 학력검정 시험을 치른다. 이 시험은 옥스퍼드, 케임브리지 양 대학을 대표하는 위원들에 의해 동시에 같은 문제로 전국적으로 일제히 치러지기 때문에 그 표준은 상당히 높다고 한다. 이 검정시험에 합격하면 상급 학교에 진학할 수 있는 학력은 거의 충분하다고 인정되기 때문에 어떤 퍼블릭 스쿨은 이것을 입학시험으로 간주하기도 하고 또 어떤 곳은 이 합격자 중에서 성적이 일정한 점수를 넘는 자에게 한해 입학시험을 면제해준다. 이른바 검정시험에 합격하는 것은 프렙 스쿨 졸업, 퍼블릭 스쿨 입학 임박을 알려주는 것이기 때문에 한편에서는 12, 3세에 우수한 성적으로 입학하는 학생이 있는가 하면 한편에서는 학력 열등, 신체 허약, 사고 등의 장해 때문에 15, 6세에도 여전히 진학하기 어려운 경우가 발생하는 것이다.

진학 시기나 연령에 대한 그들의 사고방식은 지극히 느긋해서 1년이나 2년 정도 늦어지는 것에 대해 예민하게 의식하는 경향은 없다. 우연히 시험에 합격했더라도 실력에 충분한 자신감을 가질 수 없는 학생이, 상급학교에 들어가 봐야 의미가 없다거나, 어떤 과목에 대해서는 실력이 부족하니 시험에는 통과했지만 1년 더 원래 학교에 그냥 머물며 해당 과목 공부에 집중하고자 한다는 이야기를 종종 듣는 경우가 있다. 교사나 학부모도 그렇지만 학생 스스로가 이런 의견을 강하게 주장하는 경우가 많다. 실리를 추구하고 헛된 명성을 기피하는 그들의 국민성이기도 하겠지만 자신을 바라보는 정확한 눈과 그 판단에 따르는 솔직함이라 칭할 만하다. 무비판적으로 영국만 옳고 일본이 그르다는 것은 아니지만, 이러한 점이 부정행위가 횡행하는 일본의 현재 상황을 스스로 돌아보게 한다는 것만큼은 어쩔 수 없다.

이 검정시험과 거의 동시기에 퍼블릭 스쿨에서 별개의 시험이 실시된다. 주요 퍼블릭 스쿨의 대표자로 구성된 위원회 관리 아래 같은 문제를 가지고 전국적으로 일제히 실시된다는 점에서는 양자의 성격이 비슷하다. 단 그 시험 난이도는 후자가 훨씬 높다고 한다. 그리고 대다수의 퍼블릭 스쿨에서는 이 양쪽 시험에 합격할 것을 입학 조건으로 내걸고 있다.

성적이 우수한 합격자에게는 각 학교에서 여러 가지 명칭으로 장학금이 수여되고 특히 발군의 성적을 보인 입학자는 입학하는 학교 강당 벽에 이름과 해당 년도, 출신교 등이 금으로 된 글씨로 기록되어 그 명예가 표창된다. 어떤 학교의 경우 '1897년부터 1906년 사이' 수상자 중 가쿠슈인學習院대학 출신 일본인 아무개의 이름이 보이는데 이 사람은 귀국 후 사기죄로 홋카이도에서 복역하다가 옥중에서 죽었다고 한다. 아마도 다방면에 걸쳐 제각각 그 끝을 보았던 생애였을 것이다.

이러한 시험들을 통과하고 학력, 체력 등 여러 조건에 대해서도 진학에 대한 자신감이 생긴 프렙 스쿨 졸업생들은 여기서 그들의 중등교육 단계에 해당하는 퍼블릭 스쿨로 입학한다.

그렇다면 퍼블릭 스쿨은 실제로 어떠한 성격의 학교였을까.

이미 언급한 바와 같이 영국의 퍼블릭 스쿨은 14세기부터 19세기에 걸쳐 생겨났으며 개인이 사재로 경영하고, 전원 기숙사 제도에 의해 지도자 계급 자제에게 중등교육을 행하는 사립의 그래머 스쿨이다. 주로 잉글랜드에 31개교, 스코틀랜드에 4개교가 있으며 프렙 스쿨을 마치고 여기에 들어가 수료한 사람은 옥스퍼드 혹은 케임브리지대학, 샌드허스트 육군사관학교 혹은 다트머스 해군사관학교에 진학한다. 퍼블릭 스쿨에서 이러한 학교 이외, 즉 런던 등의 대학에 입학하는 사람은 거의 전무에 가깝다. 일부 졸업생들은 고등문관, 외교관, 식민지 행정관 등의 등용시험을 보고, 다른 일부는 곧바로 실제 사회로 진입한다.

그들이 진학하는 대학은 옥스퍼드, 케임브리지 등 이른바 '고대 대학' 단 두 곳에 국한된다. 18세기 이후 창립된, 런던 및 전국에 있는 9개의 '근세대학', 혹은 여러 종류의 고등전문학교 등은 전혀 고려하지 않는다. 이런 사실 자체가 현저하게 전통을 존중한다는 정신을 보여주는데, 동시에 양 대학이 가지고 있는 독특한 교풍을 편애하는 그들의 성벽性癖에 놀라지 않을 수 없다. 런던 및 맨체스터의 경제학, 버밍엄의 공학, 노팅엄의 교육학, 에딘버러의 의학,

글래스고의 조선학 등은 세계적으로 명성이 자자해 모두 우수한 대학이라 할 수 있지만 영국 지도 계급 자제들은 이에 조금도 관심을 두려 하지 않는다. 실로 이해하기 어려운 심리다.

퍼블릭 스쿨의 새로운 학년은 가을에 시작된다. 다만 이것도 가을 학기에 일제히 신입생들이 다함께 입학하는 형태가 아니라, 대학 입학이 시작되는 것과도 연동하여 다른 학기말이나 학기 중간에 비해 이 시기에 들어오거나 나가는 학생들이 비교적 많다는 것에 지나지 않는다. 새삼 식을 거행하려 하지 않기 때문에 입학식이라든가 졸업식도 없다. 하룻밤 자면 한 해가 바뀌어 새해를 맞는다는 식으로, 일본 학교처럼 명확히 '새로운 학년'의 느낌이 약하다.

시험 합격자 중 결원이 몇 명인지에 따라 대기자 리스트 등록 순서로 입학이 허락되기 때문에 신입생 수도 전혀 정해져 있지 않다. 자신의 모교에 자녀 교육을 맡기고자 하는 것은 누구라도 가질 수 있는 마음이겠지만 이런 점에서 영국인들이 얼마나 열정적인지 놀랄 만하다. 충성심이라는 인간의 마음가짐 문제와 얽혀 있는 듯한데 물론 이런 심리는 퍼블릭 스쿨뿐 아니라, 프렙 스쿨이나 대학 선택의 경우에도 작용한다. 결국은 '좋든 나쁘든, 우리 영국' 사상이며 '피스'를 피기 시작하면 '히카리光' 연기는 목구멍에 넘어가지 않는 국민인 것이다('피스'와 '히카리'는 일본의 오래된 담배 상표명- 편집자 주).

출생 후 아기의 이름이 정해지면 그 길로 곧장 아버지는 모교에 그 아이 이름을 등록하러 간다는 이야기를 자주 듣는데 이것은 결코 과장이 아니다. 적어도 오래된 명문가로 불리는 가문에서는 커서 그 아들이 들어갈 세 단계 학교는 태어나기 전부터 미리 결정되어 있다 해도 무방하다. 부친의 학력이 그대로 아이에게 이어지는 경우가 대부분이기 때문이다. 조부나 증조부와도 전혀 다르지 않다. 그리고 그 아이, 그 손자 역시 똑같은 일을 똑같이 반복할 것이다. 지금으로부터 100년 후, 200년 후, 모교 크리켓 경기장에서 그들의 자자손손이 역시 배트를 휘두르고 있을 것이라는 것은 내일의 태양이 동쪽에서 뜨는 것과 마찬가지로 그들이 절대로 의심치 않는 바이다.

1923년 국왕에게 사내아이 외손주가 태어났다. 수일 후 『타임』지 궁정란에 1936년도 이튼 스쿨 리스트에 지체 없이 그 이름이 등록되었다는 것이 발표된다. '신은 하늘에 계시고 세상은 평온하다. 국왕폐하 만세.' 그리고 영국 곳곳에 있는 모든 영국인들이 아침 홍차를 마셨던 것이다.

이처럼 인습이 강한 제도 아래 있으면 합당한 배경을 지니지 못한 학생들은 불행하다. 제1차 세계대전 후 퍼블릭 스쿨에 군수산업 벼락부자 자제들이 대량 진출했다고 여러 방면에서 거론되었지만 실상은 소문 정도까지는 아니었던 것 같다. 전쟁으로 큰 이득을 본 사람들에 대한 막연한 반감이 밑바탕에 흐르고 있었겠지만 당시 여론은 분명히 이에 대해 부정적이었다. 그들이 비집고 들어오면 퍼블릭 스쿨이 가진 격조나 기품을 무너뜨린다는 것인데, 이러한 의견이 직접적인 이해관계를 가지지 않는 사회층에서 오히려 강했던 점을 통해, 이 나라 국민들이 가지고 있는, 언제까지고 전통을 지키려고 하는 왕성한 집착과 귀족 취미에 대한 공허한 동경을 엿볼 수 있다.

어떤 사정에 의해 지망했던 퍼블릭 스쿨에 입학할 수 없었던 사람들은 다른 학교에 들어가거나, 학문을 단념하고 가업을 잇든가, 몇 년 동안 개인적인 방식으로 준비하여 나중에 스스로의 운명을 해외에서 개척하든가, 그 진로는 물론 다 똑같지 않다. '집안' 때문에 퍼블릭 스쿨에 들어가지 못하고 여기저기를 헤맨 후 영국 지방 도시의 근세대학에 진학하는 사람, 혹은 대륙 각지의 대학에서 면학의 초지를 끝까지 관철하고자 하는 사람 등 각양각색이다. 맥주를 들이키며 미지의 타국인을 상대로 자신의 고향의 인습을 통렬히 비판한다── 하이델베르크 카페 한구석에서 그런 영국인을 만난 적이 있었다. '배로 한몫 잡은 아버지가 당황해서 백금으로 된 것을 준비해주었지만 이미 늦었다.' 좋은 가문에서 태어나지 못했던 사내의 자조어린 한마디다.

긴 세월 동안에는 특정한 프렙 스쿨과 퍼블릭 스쿨 사이에, 혹은 퍼블릭 스쿨과 양 대학 컬리지 사이에 특히 긴밀한 관계가 생겨난 경우가 많다. A교에는 B교 출신자가 많다거나, C교는 D교에서 들어가기 쉽다거나 하는 말 등이 그것이다. 다수 교사의 출신교별로, 학교가 입지한 곳의 지리적 관계, 활발히 행해지는 운동경기 종류 등, 원인은 여러 가지 있을 수 있겠으나 그 계통에서 벗어난 학생들에게는 결코 유쾌하지 않은 내력이다. 특히 출신교에 따라 커다란 당파가 생겨 교내에 강력한 세력을 떨칠 경우 그 폐해는 심각하다. 일찍이 케임브리지 킹스 칼리지에 이튼 스쿨 보트부 출신 그룹이 위세를 떨쳤거나, 마찬가지로 트리니티 칼리지Trinity College 에 해로 스쿨 파벌이 만연해 있거나 했던 적이 있다. 훗날 수상 스탠리 볼드윈도 그 일원으로 미미한 존재였다고 한다. 물론 영국뿐 아니라 어디서든 있을 수 있는 폐단이지만 모교에 대한 과도한 애착에서 출발한, 인간이 가진 약점의 바람직하지 않은 소산임에 틀림없다.

퍼블릭 스쿨은 이튼이나 해로 스쿨처럼 정원이 1000명 가까운 학교에서부터 아운들 스쿨Oundle School이나 리스처럼 200명 내외의 학교까지 학생 정원은 반드시 일률적이지 않다. 평균 500명이라고 하니 잉글랜드 31개교에서 1만 5500명, 총 인구 4000만이라 해도 놀랄 만큼 소수다. 소수 교육을 위해 질적으로나 양적으로 훌륭한 교직원과 완비된 시설을 구비하고 있기 때문에 다들 경영은 매우 어렵다고 한다. 수업료, 기숙사비, 그 외의 징수도 대학의 경우와 거의 비슷하고 연고자들의 고액 기부도 드물지 않지만 물가 상승의 속도에는 도저히 따라가지 못하고 있는 실정이다.

시설을 확장하고 학생 정원을 늘려 수입 증대를 꾀할 방안이 강구되고 있는데 리스 교장은 일언지하에 그러한 제안을 일축했다고 한다. 내 판단으로는 180명이 이상적이며 현재 220명은 이미 한도를 넘은 것이라고 생각한다, 이런데도 더 늘린다면 교장으로서 학생 한 명 한 명에 대해 책임질 수 있는 교육을 행할 수 있을지 불안하다, 는 것이다. 과연 교육가다운 식견이라 할 수 있을 것이다.

그러나 뭐니 뭐니 해도 대다수의 퍼블릭 스쿨 당국자들에게 학교 경영이 얼마나 심각한지는 1920년대에 이미 더 이상 숨길 수 없는 기정사실이 되었다. 일시적으로 안이한 쪽을 택하지 않고 마지막까지 양심적인 교육방침을 견지하며 전통의 아성을 끝까지 지켜내려는 그들의 노력은 충분히 짐작되는 바인데, 제2차 세계대전 후의 극도의 곤경 속에서 과연 어떻게 대처하고 있을지, 그리고 국가의 운명을 건 격한 내핍耐乏 생활 중에 그러한 시설이 계속 그런 형태로 존속할 수 있을지. 퍼블릭 스쿨 제도가 지금 당장 붕괴하리라고는 생각하지 않지만 이를 계기로 상당히 근본적인 개혁이 행해질 것은 아마도 틀림없는 사실일 것이다. 이미 잠정 조치로서 조건부이긴 하지만 이튼 스쿨의 실크 햇silk hat 착용이 자율화된다고 보도되었다. 그들에게 이것은 복장의 일부 개정으로 가볍게 끝낼 문제가 아니다. 내핍생활이 마침내 여기까지 이르렀는가, 국가 전체가 한탄하는 바 상상하고도 남음이 있다.

그것은 그렇다지만 나아가 본질적인 개혁이 널리 행해지고 있을 것이며 또한 그 대부분이 긴 기간에 걸쳐 반드시 그들에게 이익을 초래할 것이라고 생각된다. 적어도 과거 역사에서는 그러한 결과를 본 적이 많았다. 어제까지의 영국인들은 그만큼의 양식을 가지고 있었으며 오늘의 영국인들이 갑자기 그것을 잃었다고는 생각되지 않는 것이다.

생활

퍼블릭 스쿨의 제도와 생활에 대해 개괄적으로 설명하는 것은 극히 곤란하다고 말하지 않을 수 없다. 그 31개교에도 사물의 획일성을 꺼려하는 이 나라 국민성이 잘 드러나 있어서 전통이나 관습에 따라 교풍 차이는 완전히 천차만별이라 해도 좋을 정도다. '중세 그룹'에는 자연히 고전 존중 기풍이 강하고 '근세 그룹'에는 자연과학을 기조로 한 경향이 두드러진다고 말할 수 있을지도 모르겠지만, 요컨대 이것은 하나의 막연한 인상에 지나지 않으며 꼭 그렇다고 명확히 단정 내릴 수도 없는 노릇이다.

그러나 그 어떤 학교에 대해서도 말할 수 있는, 이른바 영국 퍼블릭 스쿨 전체에 걸쳐 공약수적 특징이라 할 만한 몇 가지는 열거할 수 있다.

(1) 기숙사
(2) 교장
(3) 하우스 마스터와 교원
(4) 교과과정
(5) 운동경기와 그 정신

이하 각 항목별 구체적인 설명에는 주로 리스 스쿨의 예가 거론되는 경우가 많은데, 이는 출신교로서 비교적 그 사정에 대해 상세히 알고 있다는 편의에 의한 것에 불과하다. 31개교 중 가장 창립이 늦었다는 점(1875년), 학생 수가 가장 적은 곳 중 하나라는 점, 웨슬리 감리회Wesleyan Methodist 종파의 퍼블릭 스쿨로서 유일한 곳이라는 점(단, 학생은 반드시 같은 종파 신봉자라고는 단정할 수 없다), 또한 소재지가 케임브리지이며 직접적 관련은 없다 해도 자연스럽게 그 대학의 각별한 영향을 받고 있다는 점 등을 생각해보면 어쩌면 리스 스쿨은 전형적인 퍼블릭 스쿨이라고 말할 수 없을지도 모른다. 또한 재학 시절이 제1차 세계대전 직후의 변동기였으며 그 후의 변천, 특히 최근 사정은 애석하게도 전혀 상세히 알 도리가 없다.

아마도 사물의 일부만 보고 전체를 헤아리거나 시간적 착오를 알아차리지 못하는 독단도 적지 않을 것으로 생각된다. 불완전한 기억과 미처 다 살펴보지 못했던 미흡한 관찰에 이르러서는 스스로 펜을 내던지고 몇 번이나 천정만 올려다보았는지 모른다.

(1) 기숙사

청소년을 대상으로 한 교육 수단으로서 기숙사 제도에 필연적으로 동반되는 장단점들에 대해서는 일찍부터 여러 각도에서 충분히 논의되어왔다. 우선 하루 24시간에 걸쳐 공동생활을 하게 되면 교사와 학생, 혹은 학생 상호 간의 긴밀한 접촉에 의해 항상 인격 도야의 기회가 생기기 마련이다. 그리고 그 사이에 저절로 책임과 규율에 대한 확고한 관념이 길러지며 속된 말로 '집 떠나면 고생'이라는 말이 나타내는 것처럼 이런 처지와 연령에 있는 청소년들에게 일체를 자제하게 하고 내핍에 대한 훈련을 할 수 있도록 해준다. 이상은 모두 기숙사 제도의 장점으로 열거되는 상식이기 때문에 새삼 일일이 설명할 필요도 없을 것이다.

그러나 그 반면 전체의 이익을 위해 개인의 이익이 희생되는 경우가 없다고 할 수 없다. 즉 그 사회가 가진 공동 목표를 지키기 위해 그 자체의 성질이 제대로 고려되지 않은 채 개인의 주장이 부정되는 경우가 적지 않다. 설령 적극적으로 부정당하지 않더라도, 성질은 다르지만 그 나름대로 어느 정도의 객관적 가치를 가진 개성이, 단지 그 사회를 지배하고 있는 조화로움과 양립되지 않는다는 이유만으로 순조로운 발전이 저해되는 경우가 충분히 있을 수 있다.

만약 지금 학교를 하나의 사회 단위라고 한다면 모교의 명예를 높이는 것이 최고의 공동 목적이 되며 학생들은 그를 위한 훈련을 받는다. 그리고 영국 퍼블릭 스쿨에서는 운동경기를 가장 중요시한다. 자신을 버리고 전체의 공동 목적을 관철하기 위한 봉사정신, 그것을 함양할 수단이 바로 운동경기이기 때문이다. 당연히 운동경기에서 탁월한 재능을 가진 자에 대해서는 그 재능을 신장시키기 위해 모든 자극과 격려가 부여되며 각종 편의도 제공된다. 본시 운동경기를 존중하는 것은 바람직한 것이긴 하다. 그러나 너무 도가 지나쳐서 다른 모든 것들을 희생하면서까지 강행될 경우, 바람직하지 못한 문제가 발생되는 예를 종종 볼 수 있다. 물론 학업 정진에 각별한 의욕을 가진 학생을 감히 저지할 사람은 아무도 없을 것이다. 많지는 않더라도 자습시간도 부여되고 시설이 잘 정비된 도서관, 실험실도 잘 갖추어져 있다. 그러나 실상은 운동장에서 학교 대항전이 행해지는 날에는 설령 선수로서 직접 참가하지 않는 학생이라도 읽고 있던 책을 덮고, 혹은 손에 든 시험관을 내려놓고 관람석에 모여야 한다. 강요는 없다. 그러나 공동 목적인 학교의 명예가 걸린 승패를 제쳐놓고 혼자서 초연히 다른 일에 몰두하는 것은 전체의 이익을 위한 봉사를 게을리하는 것이 되며 일종의 배신행위로 간주된다. 그 분위기를 거스르는 것은 불가능에 가깝다. 그리고 그럴 경우 다른 일에 몰두하는 개개인의 객관적 가치는 전혀 문제시되지 않는다.

고립된 사람이 예술적 재능을 가진 자일 경우 그의 불행은 한층 크다고 할 수 있다. 이단에 대한 증오와 함께 예술에 대한 몰이해적 반감이 더해지기 때문이다. 영국 학교에서는 교우회지와 비슷한 종류의 간행물은 있어도 이 시기 문학 소년의 예술적 정열을 쏟아낼 만한 문예작품은 게재되지 않으며 그림을 즐기기에도 적당치 않다. 그러나 피아노나 바이올린 연습은 자유 과목 중 하나로 정규 교과목으로 다루어지며 1년에 2회 공개음악회가 열린다. 각본 낭독도 활발하고 학생들끼리의 연극도 상연된다. 영화나 라디오 연구단체도 있으며 표면적으로 볼 때 학생의 예술적 재능을 육성하는 데 필요한 시설은 어느 정도 구비되어 있다고 봐도 무방하다. 이러한 시설을 이용하는 것은 완전히 자유이며, 그 자유는 운동경기에 참가하는 것을 방해하지 않는다는 절대조건에 저촉되지 않는 범위 내에서만 그 무엇으로부터도 침해받지 않는다.

문제는 예술적 경향을 가진 극소수의 학생들에 대해 다른 대부분의 학생들이 전혀 이해와 동정을 가지고 있지 않다는 점에 있다. 나아가 이런 무지와 무관심에 의해 조성된 전체적인 분위기가 예술 정진에 대한 극소수의 의욕을 냉각시켜버린다는 점에 있다.

물론 이단자로서의 비애가 퍼블릭 스쿨에만 있는 것은 결코 아닐 것이다. 동서고금을 막론하고 모든 사회에 있을 수 있는 인간의 비극이다.

그러나 본능이 눈뜨기에 아직 어리고, 이를 바르게 인식해서 스스로 그 육성에 매진할 만큼 강인한 자각과 자신감을 지니지 못한 이 시기의 청소년에게 이런 분위기는 종종 치명적 타격을 준다. 그들 스스로 고귀하다고 믿는 가치에 대한 심각한 회의와 그 의혹을 극복할 수 없는 데서 오는 고뇌, 그리고 그 결과로서 발생하는 정신의 좌절이다.

학교 강당에서 개최된 음악회에서 보인 탁월한 쇼팽 연주에는 일단 의례적으로 박수가 갈 것이다. 그러나 막이 내리고 조명이 꺼진 후 연주자 가슴 속에서 이 미약한 박수소리와 경기장에 메아리치던 그 요란한 환호성이 비교되는 일은 과연 없을까. 학교라는 사회에서 백 일간에 걸친 자신의 각고의 노력이 우연히 휘두른 저 한 방의 배트에 비해 보상받는 바가 너무 적다는 것을 알아차리지는 않을까. 만약 이 때문에 자신감을 상실하고 전도의 희망을 야유하는 결과를 초래하지 않는다면 가히 행운이라 하지 않을 수 없다.

만약 통학제도의 학교였다면 매일 매일 방과 후 가정 등에서 마음껏 기예를 닦을 기회가 있었을 것이다. 또한 일본의 경우 어떤 측면에서 운동부와 학예부의 대립이 있다고는 해도 일반학생 사이에서는 어쨌든 문화 존중의 경향이 있고 종전 후 그 경향은 더욱 현저해졌다. 영국의 경우, 특히 퍼블릭 스쿨처럼 극도로 엄중한 기숙사 제도가 채택될 때 위와 같은 바람직하지 않은 폐해가 생길 수 있는 것은 부정하기 어려운 사실이다. 단 이것은 제도를 어떻게 운용하는가에 따라 어느 정도 방지할 수 있다. 특히 이해심 많은 교사가 올바른 지도를 행할 때 그 폐해는 아마도 줄어들 것이고 실제로 그러한 예가 드물지 않다. 따라서 이것은 제도의 결함이라기보다는 운영하는 사람의 자질 문제로 보는 것이 상식일지 모른다. 결국 제도보다 사람이 중요한 것이다.

공동 목적을 지켜내기 위해 이러한 특별한 개성이 억압되는 데 반해 본래 그러한 개성을 가지고 태어나지 못한 대다수의 학생들, 혹은 그 억압에 안주하여 개성을 버리고 대세에 순응할 수 있는 학생들에게는 안온한 생활이 허락된다. 그들은 교실에서는 항상 중간 정도의 성적을 거두고 운동장에서도 선수로는 뽑히지 못하지만 각종 경기를 빈틈없이 소화해낸다. 사회에 나가서도 그들은 항상 선량한 시민이며 각 직업 분야에서 중견으로 활약한다. 통속소설을 읽고 통속영화를 즐기고 일요일 예배에 열심히 참여하며 근처 이웃들과 원만한 교제를 게을리하지 않는다. 그리고 그 사이에 적당한 양의 술과 담배를 즐기고 항상 모교 넥타이를 착용하며 기회가 있을 때마다 모교 교복 정장을 입는 것을 잊지 않는다. 거실 벽난로 선반에는 이미 색 바랜 여러 장의 사진들이 놓여 있고 각각의 사진 속 가장 후열 어딘가 끝에서 고분고분 얌전히 자리 잡고 있는 젊은 날의 그의 모습을 발견할 수 있다. 매일 아침 출근하는 차 안에서 저절로 눈길이 가는 신문 운동부란 모교 팀 승패에 일희일비하며, 1년에 한 번 하는 동창회에는 아버지의 임종을 놓치고서라도 참가하려 한다.

마침내 철이 든 아들을 상대로, 어렵사리 아군의 승리를 가져다 준 그날 바로 그때의 자신의 멋진 플레이에 대한 무용담을 늘어놓고, 진정한 스포츠맨십의 진수가 무엇인지, 바로 그 때문에 대영제국이 건재하다는 '퍼블릭 스쿨 정신의 존엄성'을 말하기에 이른다. 그리고 이러한 때에만 그의 두 눈은 재학시절의 행복한 잔광에 빛나는 것이다.

이러한 평온하고 무난한 학교생활은 바람직하고 행복하다. 그리고 시간의 경과에 따라 모교에 대한 추억이 무르익었을 때 아마도 이 세상에 이처럼 감미로운 것은 다시없을 것이다. 당시 정계의 특이 사정에 의해 자타의 상상을 배반하고 수상이 된, 왕년의 해로 스쿨의 평범한 학생 스탠리 볼드윈. 그는 수상 재직 중 그 유명한 파이프를 한쪽 손에 든 채 종종 모교로 달려가 보트부 코치를 하며 짧은 여가를 즐겼다고 한다. 평범했기 때문에 행복했던 재학 시절의 추억을 잊을 수 없었기 때문일 것이다.

이에 반해 이상하리만치 뛰어난 재능을 타고 났으나 신장시키는 것을 허락받지 못하고, 심지어 어리석은 무리와 타협하는 것을 떳떳하지 못하다고 생각하는 기개어린 학생들 입장에서 보면 이보다 더 비참한 생활은 다시없을 것이다. 영국의 저명인사 전기에 종종 학교생활이 얼마나 불행한 경험이었는지 언급되고 있는 것은 그들이 가진 강렬한 개성이 그 학교 분위기에 수용되지 못했다는 사실이 원인일 경우가 많다. 특히 후년 예술가로서 이름을 날린 사람들 사이에서 이런 경향이 현저히 보인다.

앞서 언급한 이블린 워도 그중 한 사람이다. 『쇠퇴와 타락』 주인공 그라임즈는 퍼블릭 스쿨 생활을 '지옥'이라고 형용하고 있는데 이것은 작가 스스로가 느꼈던 실감이라 추측해도 무방할 것이다. 또한 글을 잘 쓰고 그림도 그리는 등, 이미 독특한 개성의 편린을 보이기 시작하던 윈스턴 처칠도 학업 성적이 신통치 않았으며 운동경기도 능숙치 않아서 해로 스쿨에서 보낸 생활은 '열등생'이라는 단어에 어울리는 것이었다고 전해진다. 앞서 언급한 스탠리 볼드윈의 경우를 떠올려보면 그 차이점이 매우 흥미롭다. 두 사람 모두 귀족 명문 출신으로, 마찬가지로 해로 스쿨의 '바람직하지 않은 산물'이었으며, 똑같이 수상으로서 국정을 담당했지만, 볼드윈과 처칠의 성격에는 거의 정반대라고 할 수 있을 정도로 명확한 차이가 보인다. 두 사람 모두 해로 스쿨을 경험했는데 한 명은 기숙사 친구들과 잘 어울려 평온하고 원만한 학교생활을 즐겼고 다른 한쪽은 이단자로서 수년을 고독하게 보낸다. 이런 차이는 그들의 정치계 경력에도 반영된다. 전자가 탄탄하고 순조로운 길을 걸었던 데 반해 후자는 '진리의 예언자'로서 정치 인생 초반 참담한 반생을 보냈음은 주지하는 바와 같다.

이로써 귀납되는 바는 퍼블릭 스쿨, 아니 영국 사회 자체가 특수한 개성의 발전을 쉽게 허락지 않는다는 것으로 집약될 수 있다. 가치의 표준은 학생 개인이 가진 옳고 그름의 관념이 아니라 공동체 자체의 이익에 따른 옳고 그름으로 결정된다. 그리고 그러한 과정을 거쳐 결정된 것들에 비해 스스로의 양식에 따라 도달할 수 있었던 판단은 거의 무의미하다. 가치에 새로운 표준을 부여하고 이것을 고도로 끌어올려 그 공동체가 가진 도덕성 혹은 학문 수준을 높이려는 시도는 항상 의심의 눈초리에 노출될 것을 각오하지 않으면 안 된다. 오히려 그 공동체에서 옛날부터 이미 고귀하다고 치부되고 윤리적이라고 판단된 모든 것들을 추종하고 이것을 몸소 체현하여 충실한 개인으로서 전체의 안녕을 유지하는 노력에 최선을 다할 뿐이다. 어차피 영국인 사회는 타협의 사회다.

개성의 맹아가 억눌려진 채 똑같은 유형으로 완성된 상태로 퍼블릭 스쿨을 졸업한 그들 대다수는 오로지 '타인과 다르지 않다'는 것을 신조로 사회생활을 시작하는 경향이 있다. 그들에게 선거란 보수당에게 한 표를 던지는 것이며 사회주의란 지난날 스페인 이단 심문의 붉은 망령 이외에 아무것도 아니다. 입센이란 약의 이름이며 버나드 쇼란 정신병원에서 탈주한 어떤 미치광이의 가명일 뿐이다. 인도 변경의 파견 주재관 재판장석에, 남프랑스 피한지 4류 고등 하숙 다락방에, 런던 사교 클럽의 안락의자에 펼쳐진 『모닝 포스트Morning Post』지 아래, 아마도 영국 국기 유니언 잭이 휘날리는 곳이라면 이러한 퍼블릭 스쿨 출신자의 발자국이 미치지 않는 곳은 없을 것이다. 만약 남프랑스에 프랑스 삼색 국기가 펄럭거리고 있었다면 그것은 광신자 윌슨과 그 저주할 만한 산물 국제연맹의 가당찮은 소행이며 내일이 아니라 오늘 당장 '타임지' 투서란에 항의문을 보내지 않으면 안 된다. 약간 만화로 전락할 것 같지만 이것은 1920년대 틀림없이 서식하고 있던 퍼블릭 스쿨 출신 영국인의 하나의 유형이다.

이상은 기숙사 제도의 단점이라 생각되는 점만을 지적한 것이다. 장점은 너무나 자명하여 이에 대한 구구절절한 설명은 생략했다. 만약 기숙사 제도를 반대하는 주장이라는 인상을 주었다면 본래 취지에서 더할 나위 없이 어긋난다.

이미 지적된 여러 결점들에 대해 유의하며 이를 예방하기 위해 부단히 경계하고 있는 학교에는 기숙사 제도가 큰 이득을 가져오고 있다. 창립 연도가 비교적 늦고 항상 진보적인 교육방침에 의거하는 학교에서는 특히 이 제도의 성공률이 높다고 한다. 그 일례로서 리스 스쿨에서 행해지고 있는 기숙사 생활을 회고해보자.

리스 스쿨은 케임브리지 서남부의 조용한 마을 외곽에 있다. 구름을 가리는 거대한 느티나무 숲길로 구획된 일대에 조성된 9만

평의 대지. 그 3분의 2가 영국 특유의 사계절 푸르른 잔디로 뒤덮인 경기장으로 이루어져 있다. 220명 전교생이 매일 일제히 운동경기를 즐기기 위해서는 이만큼의 넓이가 필요하다. 중앙에 육상경기용 트랙이 있고 그 타원 내에 봄에는 크리켓, 가을에는 럭비, 겨울에는 하키 등 제각각 계절에 따라 학교 대항전이 벌어지는 필드가 만들어진다. 주위에 점점이 몇 개인가의 필드가 만들어져 있는데 이것은 선수 이외의 일반학생을 위한 것이다. 서쪽 끝에 빨간 지붕과 하얀 페인트 칠벽의 파빌리언이 있으며, 그 뒤가 넓디넓은 목장으로 봄에는 미나리아재비꽃이 아름답다. 양쪽 기슭에 둘러선 수양버들이 그늘을 만들어내고 있는 아래를 오른쪽으로 왼쪽으로 끊임없이 흐르는 케임 강River Cam 상류가 유유히 가로지르고 있다.

경기장을 뺀 나머지 3분의 1의 대지에는 오래된 느릅나무가 많다. 그 중앙에는 백악白堊의 교장선생님 사택이 있다. 석회로 칠한 하얀 벽은 담쟁이덩굴이 뒤덮고 있다. 그리고 사택과 이어진 한 동의 기숙사 하우스와, 이를 둘러싼 네 동의 기숙사 하우스가 있다.

어느 학교든 반드시 교장 사택이 중심에 있고 학교 규모에 따라 각각 몇 동의 기숙사 하우스가 있지만 기숙사 하우스 중 한 동은 반드시 교장 사택과 이어져 있다. 교장 사택과 이어진 이곳은 다른 기숙사 하우스들과 달리 반드시 '스쿨 하우스'라 불린다. 즉 창립 당시 퍼블릭 스쿨은 건물 한 채가 유일해서 그 안에 교장을 중심으로 교사와 학생 전원이 기거하고 있었다. 이른바 퍼블릭 스쿨은 자그마한 학원에 지나지 않았고 따라서 그 한 채가 학교의 전부였던 것이다.

이윽고 학교 발전에 따라 건물이 협소해져서 새로운 기숙사 하우스들이 지어졌는데 맨 처음 기숙사에는 그대로 '스쿨'이라는 이름을 부여하였다. 다른 기숙사 하우스는 '레이튼Layton 씨 하우스'라든가 '질Gilles 씨 하우스' 등 인명으로 불리는 경우가 많은데 모두 몇백 년 전, 교장 사택에서 독립했을 때 새로운 기숙사 하우스의 관리를 맡은 교사의 이름이다. 근대에 창립된 학교는 애초부터 규모가 있기 때문에 여러 기숙사 하우스들이 있는 형태로 출발하는데 교장 사택에 '스쿨 하우스'가 부속된 형태로 지어지는 이 형식은 퍼블릭 스쿨의 전통 중 하나로서 항상 답습되고 있다.

교장 사택과 마찬가지로 역시 초록색 담쟁이덩굴이 무성한 빨간 벽돌의 기숙사 하우스와 고딕 건축의 예배당, 대강당, 도서관, 실험실, 유리로 된 천정이 있는 실내 수영장, 몇 동인가의 교실 등 여러 가지 건물들이 다수 혼재하는 교정 사이의 여기 저기 빈 터에는 깜짝 놀랄 정도로 눈에 확 들어오는 초록색 잔디로 된 중정이 펼쳐져 있으며 사시사철 조용한 롤러 소리가 끊이지 않는다. 거기에서 넓은 길을 가로지르면 의무실과 부속병실 건물이 있다.

한 학기 3개월 남짓 하는 기간 동안 교내에 감금되는 리스 학생들에게 이 공간만이 온 세상의 전부다. 이런 경우 기숙사라기보다는 감금이라는 단어가 더 어울린다. 한 학기 두 번의 휴일과 1주일에 한 번씩, 필요에 따라 학교와 협약을 맺은 이발소나 양복점 등에 가기 위해 약 30분간의 외출이 허용될 뿐, 외출 자체가 완벽히 금지되어 있기 때문이다. 이 두 번의 휴일도 박물관 견학이나 강가나 교외로의 소풍으로 한정되어 있었으며 극장이나 영화관 등은 출입금지다. 같은 마을에 있는 대학생을 방문하는 것조차 엄격히 금지되어 있었는데 단, 대학에 형이 있는 학생들만 이 날에 한해 예외적으로 방문이 허락되었다.

어찌하여 대학생을 방문하면 안 되는지 알 수 없었다. 술이나 담배를 사지 않고 그저 선배들의 유익한 이야기를 듣는 것뿐인데 왜 나쁜 일일까. 그런 의문이 들어 어떤 선생님에게 여쭈어본 적이 있다. '선배를 방문하는 것 자체가 결코 나쁜 일은 아니다. 그러나 퍼블릭 스쿨과 대학 교육과는 그 성격이 다르다. 어떻게 다른가는 자네가 대학에 들어갔을 때 잘 알게 될 것이다. 그때까지 자네는 퍼블릭 스쿨 학생이며 그 교칙에 대학생 방문이 불가하다고 되어 있다면 학생인 자네는 응당 그 교칙을 준수하지 않으면 안 된다. 이것을 교칙이라고 결정한 사람은 그렇게 결정하도록 역할이 주어진 사람들이지 자네는 아니다. 자네는 이를 지킬 것을 본분으로 하는 학생 중 한 사람이다.'

학교와 협약을 맺은 이발소는 작고 소박한 가게로 사람들로 붐빌 경우가 많았다. 학교와 협약을 맺은 곳은 아니지만 좀 더 조용하고 시설도 잘 갖춰진 가게도 있었다. 리스에 입학한 지 얼마 되지 않았을 때 시간이 촉박했기 때문에 나도 모르게 안 된다는 것을 알면서도 학교 모자를 품에 감추고 그 가게에 들어간 적이 있다. 좋은 기분으로 반 정도 잘라달라고 한 뒤 문득 거울에 비춰진 옆자리 손님의 얼굴을 보았다. 교장선생님 얼굴이다. 바로 그 순간 그와 나란히 앉아 있던 노르스름하고 약간 검은색 얼굴의 낯빛이 흙색으로 바뀌었다. 이윽고 어떤 말을 들을지 각오하며 마음속으로 내가 받을 벌이 얼마쯤일지 가늠해보았다.

"초면에 불쑥 말을 걸어 실례지만……, 내가 교장으로 근무하고 있는 학교에 역시 자네와 비슷한 일본인 학생이 있어서 말이지. 만약 만나거나 한다면 이 말을 전해주게나. 리스 학생은 이 가게 출입이 불가하다고 말이지.

이 가게에서 머리를 자르는 것이 나쁜 일은 아니야. 다만 리스 학생이 가는 이발소는 따로 정해져 있고 리스 학생들은 모두 거기에 가도록 되어 있다네. 그 일본인 학생은 이제 막 입학해서 아직 그것을 모르고 있는 모양이야. 뭐라고? 알고 있었어? 자네는 알고 있었을지 모르지만 그 학생은 당연히 몰랐을 거야. 알고 있었다면 규칙을 어기는 일 따위는 하지 않았을 테니."

위축되어 조용히 사라지려고 하는 내 뒤로 작은 목소리가 들린다. "여기는 성인들이 오는 가게라 팁이 필요하다네. 이것을 건네두도록. 뭐? 자기 돈을 내겠다고? 일주일분 용돈이잖아." 그리고 갑자기 큰 목소리로, "아이들이 돈을 그렇게 함부로 쓰는 게 아니야!"

그 후 대학생이 되고도 대학을 졸업하고 나서도 그 가게만은 갈 수 없었다. 성인이 되면 팁은 다른 가게에서도 지불한다. 그저 어쩐지 그 가게에 가는 것이 리스 교장선생님에게 죄송스러운 마음이 들었기 때문이다.

그 행위 자체의 선악이 문제가 아니다. 특정 조건에 있는 특정인이 어떤 행위를 해도 되는지가 이미 정해져 있고, 자기가 좋아하는지 여부를 떠나 그 인간에게 이 결정을 복종시키는 힘이 규율이다. 그리고 모든 규율에는 이것을 만든 인간과 지키는 인간이 정해져 있으며 규율을 지켜야 하는 인간에게 그 옳고 그름을 논하는 것은 허용되지 않는다.

영국 청소년들에게는 학교에서나 가정에서 온갖 기회를 통해

뼈 속 깊숙이 이 복종 정신이 주입된다. 오늘날 일본에서는 이것을 봉건사상이라 부르는 사람들이 적지 않다. 만약 그렇다면, 만일 정말로 그러한 것이었다면, 영국인들은 머리에 일본식 상투를 틀고 허리에 두 칼을 찬 봉건사상의 귀신 그 외에 아무것도 아니어야 한다.

외출 불가도 익숙해지면 실제로 대단한 고통은 아니다. 마을 극장에서 셰익스피어 연극이나 그리스 고전 비극 특별공연이 시작되면 문학 담당 교사가 교장의 허가를 얻어 오후 수업 대신 희망자들을 데리고 보러 가는 경우가 있다. 그것도 1년에 한 번이나 두 번의 예외적 이벤트인데 나중에 글을 써야 하는 것이 괴로워서 경원시하는 학생이 적지 않다. 극이나 영화, 음악회 등은 휴가 때 가정으로 돌아가 부모 형제들과 함께 보러 갈 작정이기 때문에 학교에서는 거의 화제에 오르지도 않고 이것을 맘껏 볼 수 없다는 것에 대해 부자유를 운운하는 자도 없다.

문방구 등 필수품 구입은 교내에 매점이 있으며 이발소, 양복점, 사진 현상 및 기타 두세 곳에 한해 학교 밖에 협약을 맺은 가게가 있어 충분히 볼일을 볼 수 있다. 어느 곳이든 전표를 사용하고 현금은 턱샵Tuck Shop이라 불리는, 옛날 군대에서 말하는 주보酒保(군매점, 물론 술이나 담배는 없지만)에 해당되는 매점에서만 사용한다. 14세 이상은 1주일에 50전錢, 이하는 그 반액이 부여되는데 이 용돈으로는 초콜릿 두세 조각밖에 살 수 없다. 자연히 고향에서 보내주는 소액환이 절로 기다려진다. 아침밥을 먹는 식탁에서 건네받는 편지 겉봉투, 거기에 적힌 어머니 필적에서 복잡하게 가슴이 두근거리는 것을 느끼는 효자 아들이 점차 많아진다.

마을 주변에서 이 학교 학생들 모습은 거의 보이지 않는다. 영국 중학생이 자주 쓰는 감색 모직물로 된 작은 접시 같은 학교 모자를 가볍게 후두부에 올려놓은 그들이 커다란 식량 포대를 바구니에 넣고 삼삼오오 즐겁게 자전거를 타고 교외로 달리는 모습을 발견한다면 그날은 한 학기에 두 번 있는 휴일이다. 학생들은 학교에서 멀리 떨어진 시골에 집이 있는 경우가 대부분이라 반드시 한 대씩 자전거를 가지고 있으며 학기가 시작되면 일부러 이것을 소중히 기차로 운반해온다. "리스의 현 재학생 수를 정확히 계산하는 가장 간단한 방법은?" 답을 알고 있는 학생들은 입을 다물고 눈빛으로만 의견을 교환한다. "차고로 가서 자전거 바퀴 숫자를 센 뒤 이것을 2로 나눈다!" 이 대목에서 일동은 웃음을 터뜨린다. 아니라는 듯 손으로 제지하며 "자전거에 달린 벨의 숫자를 세서 1로 나누는 방법도 있지만 이것은 자네들 두뇌로는 다소 어렵지!" 일동은 우렁찬 박수를 보낸다. 이 학교 수학교사가 해마다 반복하는 판에 박힌 개강 축사다.

그런데 220명 전원은 40여 명씩 다섯 곳의 기숙사 하우스에 배속되는데 학부형들끼리 연고가 있는 학생들은 반드시 우선적으로 그 기숙사 하우스에 들어가게 된다. 만 14세를 한계로 주니어와 시니어로 나뉘고 각 기숙사 하우스의 평균연령이 거의 비슷하도록 고려해준다. 국왕, 국가, 학부형, 형제, 친구, 종파, 모교, 정당, 직장 등 영국인들이 충성심을 가지고 있는 수많은 대상 중, 퍼블릭 스쿨 학생들에게 가장 친근한 것은 자신이 속했던 기숙사 하우스에 대한 충성일 것이다. 그들은 기숙사 하우스를 단위로 하는 대항전에 출전하는 영광을 누리는 것으로 인생의 꿈을 향한 그

첫걸음을 내딛기 시작한다고 해도 좋다.

결결이 잘 손질된, 겨울에도 그 푸르른 빛깔이 변치 않는, 마치 당구대처럼 매끈한 그 잔디밭은 영국인들이 가지고 있는 수많은 자부심 중 하나며, 이것을 항상 짧게 잘 깎아내는 롤러를 밀고 물을 뿌려 손질하는 것은 그들에게 있어서 각별한 즐거움이다. 케임브리지의 트리니티 칼리지 앞 정원을 참관하러 온 미국의 어느 대부호가 롤러를 밀고 있는 남루한 차림의 정원사에게 10엔짜리 지폐를 쥐어주며 잔디밭 손질의 비결을 물었다. "물을 주시오, 롤러를 미시오." 그리고는 손 안에 있는 10엔짜리 지폐와 부호의 얼굴을 번갈아 본다. 무슨 뜻인지 알고 미국인은 또 한 장 지폐를 쥐어 준다. "물을 주시오, 롤러를 미시오." 다소 욱하는 기분이 들어버린 부호는 또다시 10엔짜리를 더하면서 "그런 건 알고 있어!"라고 호통을 쳤다. 천천히 세 장의 지폐를 품에 꾸겨 넣으며 정원사는 중얼거린다. "그것을 매일매일 반복해서 오백 년이 지나면 이렇게 될 테니까."

당시 트리니티 칼리지 교장, 진공방전 연구로 노벨상을 받은 실험물리학의 태두, J.J.톰슨Thomson 교수는 그 30엔이야말로 자기가 평생 동안 정직하게 번 유일한 돈이라고 시치미를 뗐다는 이야기다.

다시 리스로 돌아와서, 잔디밭으로 된 중정을 가로지르면 가을이 되어 담쟁이덩굴이 아름다운 빨간 벽돌의 기숙사 하우스가 있다. 무거운 떡갈나무 문을 열면 오른쪽에 정도 하우스 마스터의 거실과 침실이 있다. 하우스 마스터는 기숙사 하우스에 전속된 감독교사로 리스에는 각각 두 사람씩 있는데 이것은 퍼블릭 스쿨 제도 운영에서 가장 중요한 역할을 차지하는 항목 중 하나다. 여기에서는 일단 설명을 생략하겠다.

노랗게 변색된 축구나 크리켓 팀들의 오래된 사진들이 벽에 쭉 늘어서 있는 복도를 지나면 막다른 곳에 넓은 커먼Common 룸이 있다. 전용 거실을 가지지 않는 대다수 평범한 학생들의 자습실이자 짧은 여가시간을 즐기는 놀이공간이기도 하다. 중앙의 큰 테이블을 둘러싸고 소파와 안락의자가 몇 개 놓여 있으며, 정면 벽에는 기숙사 하우스 대항전에서 획득한 우승 패나 트로피가 장식되어 있다. 삼면의 벽을 따라 각자의 사물을 담아 놓는 라커가 있고 그 뚜껑에 무수한 낙서가 새겨져 있는 것도 다른 나라들의 경우와 똑같다. 이 방 바로 앞으로 선도부prefect 거실이 이어져 있다. 선도부란 연장자 중 교장에게 뽑혀 기숙사 하우스 안의 자치를 일임 받은 소수의 우등생인데 그에 대한 설명도 나중에 하고자 한다.

2층으로 올라간다. 부副 하우스 마스터의 거실과 침실이 있으며 정면에 주니어 학생의 침실이 있다. 80평 내외의 넓이이며 중앙에 쭉 뻗은 통로로 발걸음을 향하면 20개가 넘는 철로 된 침대가 쭉 '非'의 형태로 늘어서 있다. 제 각기 머리맡에는 다다미 두 장 정도 넓이의 고유공간이 있어서 이 박스 안이 보통 학생들의 유일한 사유지다. 하얀 도기로 된 세면대 세트, 커다란 거울, 서랍, 의자, 옷걸이 그리고 벽에는 반드시 부모형제, 친구들의 사진이 웃고 있다. 막 입학한 작은 체구의 아이 박스에서 사진들이 모두 뒤집혀 있는 것을 본 적이 있다. 그런 가련한 행위에 어울리는 창백한 얼굴을 한 예민해 보이던 아이였는데 일주일도 채 지나지 않아 자취를 감추고 말았다.

방의 남북으로 10개씩 커다란 창문들이 있어서 사계절 내내 밤

이건 낮이건 완전히 열어젖혀져 있다. 모포는 여름에는 한 장, 겨울에는 두 장이며 이불은 없고 교사의 방이나 병실을 제외하고는 학교 내에 난방시설 자체가 없다. 실내로 거칠게 불어오는 가을바람 속에서 날이 밝아 아침에 눈을 떠보면 모포 끝자락에 얇게 눈이 쌓여 있는 경우도 있다. 세면대 물이나 단단히 마개를 해둔 병속 머릿기름도 얼어붙어 있다. 그러나 그런 아침에도 그들은 일제히 파자마 상의를 벗어 던지고 얼굴에서 목덜미나 상반신까지 새빨갛게 될 때까지 닦는다. 주지하는 바와 같이 영국인은 일본인만큼 자주 목욕을 하지 않는다. 일반적으로는 거리에 공중목욕탕도 없는데 중류 이하의 가정에서는 욕실이 없는 경우도 적지 않다. 기후의 차이 탓도 있겠지만 큰 대야에 미온수를 채워 간단한 반신욕만으로 끝낸다. 단 매일 아침 상반신이나 목덜미를 오랫동안 닦는 것만큼은 누구 하나 게을리하는 사람이 없는 엄숙한 국민적 의식 중 하나다.

가을밤에는 창문을 통해 들어오는 달빛이 아름답다. 복도에서 피아노 교사인 하우스 마스터가 뭔가를 치고 있다. 보통 때는 분주한 일과에 쫓겨 생각할 틈도 없는 고향 생각이 그런 순간 문득 떠오른다. 위도가 높은 영국에서는 서머타임summer time이 시작되면 밤에는 11시 가까이까지 날이 저물지 않는다. 8시 반 침상에 들면 창문으로부터 얼굴로 햇살이 따갑게 쪼여 눈이 부실 정도다. 머리맡에 양산을 펼쳐 놓고 그 그늘 속에서 깊은 잠을 청하는 풍류인도 있었지만 대부분의 학생들은 그런 것에 대해 웃고 있을 여유도 없을 정도로 모두 건강한 피로에 젖어 금세 잠들어 버린다.

3층에는 주니어의 경우와 동일한 양식의 시니어 침실, 창고, 기숙사 하우스 인부들 숙소 등이 있다. 청소, 구두닦이, 침실 정돈, 세탁물 점검 및 수선 등 일체를 이 사람들이 해준다. 그것을 관리 감독하는 것이 메트론이라 불리는, 이른바 기숙사 학생들의 대모인데, 그 기숙사 메트론은 메이지 시대(1868~1912년)에 산요철도山陽鉄道를 놓은 영국인 기술자의 딸로 고베에서 나고 자란 사람이었다. 만약 '엣추 훈도시越中褌(길이 1미터 가량의 폭이 좁은 천 끝에 끈을 단 T자 모양의 들보–편집자 주)'를 하고 있다면 사양하지 말고 세탁물로 내놓으라는 호의적인 주의를 받고 너무나 송구스러워했던 기억이 난다.

지하층은 욕실과 창고, 입욕은 1주일에 두 번으로 일부가 법랑으로 된 주전자 가득 뜨거운 물을 담아 욕조에 부어준다. 이래서는 아무리 물을 더해도 15센티미터 이상은 되지 못한다. 비 오는 날 럭비를 해서 머리카락 속까지 온통 진흙 범벅이 되었을 때는 뜨거운 물이 가득 찬 욕조에 머리까지 집어넣을 수 있는 고향 온천이 아쉬웠던 적도 있다.

퍼블릭 스쿨의 생활은 종소리로 시작되어 종소리로 끝난다. 그런 생활을 경험한 사람에게 그 종소리는 평생 잊을 수 없을 것이다. 한 치의 오차도 없이 다음에서 다음으로, 바쁜 일과를 재촉하는 그 종소리는 천성적으로 매사에 서툴러 항상 동작이 느린 인간에게는 실로 한스러운 종소리였다. 겨울 아침에는 상의에 한쪽 팔만 쑤셔 넣고 신발 끈도 채 묶지 못한 채 넥타이를 매면서 가장 꼴찌로 예배당으로 달려간다. 손가락이 덜덜 떨려 도저히 넥타이를 맬 수가 없다. 경건하게 이마가 바닥에 닿을 정도로 조아리고 고개 한 번 들지 못한 채 예배를 끝내는 경우도 있었다.

이 예배당은 빨간 벽돌의 고딕풍 건축물로 장엄하다기보다는 오히려 청빈한 인상을 준다. 예수 그리스도의 생애 중 주요한 사건을 그려낸 아름다운 스테인드 글라스stained glass 창문 아래에는 하나하나 그 창을 기증한 사람들을 기념하는 여러 가지 문구가 새겨진 대리석 판이 박혀 있다. 국왕과 왕가의 평안을 위해, 몇 년 몇 월 며칠 프랑스 어떤 땅에서, 아무개가 지상의 짧은 생애를 마치다. 그 가장 행복한 수년을 보낸 모교에 이 창을 바치며 아버지와 어머니는 오로지 사랑하는 아이의 명복을 빈다. 향년 19세 반.

그 창 중 하나에는 이 학교 출신 일본인 일동이 헌납한 것도 있었다. 동맹국의 젊은 황태자 자격으로 전하(훗날 쇼와천황昭和天皇—역자 주)께서 이 학교에 오셨을 때 일행을 안내하던 교장선생님은 이 창문 아래에 있는 비석 앞에서 멈춰 섰다. 전하는 그것을 읽으시더니 미소를 지으며 고개를 끄덕였다. 검은 가운을 걸친 키 큰 교장선생님은 가만히 얼굴을 지켜보고 있다가 한 걸음 뒤로 물러서더니 매우 깊숙이 고개를 숙였다.

그저 그뿐이었지만 지금 돌이켜 생각해보면 그것이 지구의 끝과 끝에 떨어져 있으면서도 각별한 친교를 맺어왔던 이 두 나라의 마음과 마음이 서로 합쳐져 번쩍 하고 불꽃을 튀기던 한 순간이었다고 말할 수 있을지도 모른다. 진다珍田, 하야시林, 이시이石井, 나라奈良, 다케시타竹下, 그때 함께했던 주요 인사들은 모두 세상을 떠났다. 그리고 리스에 있던 그 교장선생님은 지금 어떻게 계실까. 28년, 벌써 그렇게 세월이 흘러버렸다.

매일 아침저녁으로 두 번 반드시 예배를 드리고 일요일에는 그 이상으로 오전과 오후에 대규모 예배가 이어져 교직원과 교내에 사는 그 가족들, 전교생, 게다가 그곳에서 일하는 남녀 모두가 참석하도록 되어 있었다. 부활절 등에 특별 예배를 드리는 것은 물론이다. 사제는 교장선생님이나 그 외 사제직에 있는 교사일 경우도 있었고 외부에서 온 분일 때도 있었다. 관동대지진 후 어느 일요일에는 선교사로서 오랫동안 일본에 거주한 경험이 있는 분이 초청되어 희생자를 위한 정성어린 기도를 바치고 그 희사금이 영국에서 보내는 의연금의 일부로 보태졌다. 그해 가을 마침 대학에 진학해 있었는데 교장선생님은 손수 초대의 편지를 보내주셨고 이 학교에 막 입학한 동생과 둘이서 그날은 특별석에 앉을 수 있도록 배려해주셨다. 대지진 보도와 함께 편지로 가족의 안부를 물어주셨고 무사하다고 답신을 드리자 그 즉시 다행이라는 말씀의 답장도 주셨다. 신학기가 시작되면 일부러 대학 교실까지 찾아와주셨는데 그 특별 예배 때도 우리들 가족이 안전한 것에 대해 예배당에 모인 모두와 함께 감사의 기도를 올려주셨다. 추억을 적으려면 한이 없지만 리스의 교장선생님은 그런 분이었다.

마지막까지 신자가 되지는 못했지만 수없이 들었던 설교 중에는 강한 감명을 받아 지금도 가슴속에 남아 있는 것이 적지 않았다. 나이도 나이였지만 스테인드 글라스를 통해 비스듬히 비쳐 들어오는 붉고 푸른 광선에 젖어 기침 소리 하나 들리지 않던 조용한 그 분위기에는 종교와 연고가 없는 사람도 어쩐지 한없이 마음이 평온해지는 뭔가가 있었다. 왼쪽 편에 높게 설교대가 있고 그 위에 대리석으로 된 성서 받침이 붙어 있었다. 어느 날 설교사가 악의 유혹에 대한 신앙의 승리를 말하며 확고부동하게 대처할 것을 강조하다가 무심코 탁 하고 성서대를 세게 쳤다. 어찌된 영문인지 대리석의 이음매가 꺾여 대리석 성서대가 굴러 떨어져 버렸다. 그 순간 웃음소리가 터져 버릴 것을 예상하고 살짝 주위를 살펴보았다. 그러나 아무도 웃지 않는 것이다. 어떤 일에도 손뼉을 치며 잘 웃는 소년들이 눈동자 하나 흐트러지지 않고 눈썹 하나 움직이지 않는다. 설교의 힘도 있었겠지만 역시 영국 아이들의 예의범절이 얼마나 훌륭한지 절실히 느꼈다.

점점 서로 속마음을 알게 되어 마음을 허락하는 동료가 생기자 어떤 것이든 숨김없이 이야기를 나누게 되었다. 종교에 대한 이야기들도 지금 생각해보면 물론 유치하기 짝이 없는 것이었다. 단 확실하게 말할 수 있는 것은 그들의 신앙에는 거짓이 없었다는 점이다. 물론 개개인에 따라 신앙심이 어느 정도 깊은지, 혹은 종교에 대한 사고방식에도 차이가 있었지만 가정이나 학교에서 그들이 익히는 신앙이 그들의 일상생활에 절대적인 영향을 끼치고 있었으며 그 가르침에 충실히 따르려는 그들의 노력이 거짓 없는 것임에는 의심할 여지가 없었다.

훗날 대학에 진학하자 그 점에 다소 차이가 나타났다. 연령도 다르고 사고방식도 달라지기 때문에 양자를 비교해본들 무의미하지만 대학생 중에는 무신론을 주창하고 종교에 대해 냉소적인 말을 내뱉는 사람도 적지 않았다. 그러나 교칙이라면 솔선하여 예배에도 참여하고 성직자 신분에 있는 분에게 초대받은 오찬 자리에서는 언동 등도 적절하게 처신하는 융통성을 겸비했다.

그러나 오랜 경험 속에도 적극적으로 그리스도교 신앙을 권유받거나 그 신앙을 가지고 있지 않다는 이유로 차별적 대우를 받거나 불쾌한 마음이 들었던 적이 단 한 번도 없었다. 그저 여러 가지로 토론한 끝에 괴로운 나머지 불교도이긴 하지만 불교신자는 아니라고 말해서 동료에게 애매한 사고방식을 비판당한 적은 있었다. 그런 때도 물론 상대에게 눈곱만큼의 악의도 없었으며 오히려 그 태도는 듣고 있는 사람을 유쾌하게 만들 정도의 것이었다. 결국 상대방 의견에 완전히 동의해 큰 소리로 웃음을 터뜨려 버렸던 것이 기억난다.

예배당의 파이프 오르간 연주는 종교나 음악에 대해 특별한 지식을 가지고 있지 않은 자에게도 즐거운 것이었다. 바흐의 작품을 손댄 사람으로서 이 나라에서 몇 번째로 꼽히는 이 학교 음악 교사가 연주하는 파이프 오르간과 12, 3세 소년 소프라노를 중심으로 한 합창단이 자아내는 음악적 조화는 때로는 법열法悅과도 같은 깊은 감동을 청중에게 전해주었다.

음악을 듣기 위해 교회에 나온다면 결코 정도라고 할 수 없겠지만 교회의 아름다운 음악에 대해서는 새록새록 추억이 많다. 처음으로 영국에 도착하자마자 그대로 여장을 풀 여유도 없이 케임브리지의 학교에 들어가게 되었지만 그 첫 일요일에 특별 허가를 얻어 대학의 칼리지를 구경하러 돌아다녔다. 거의 도쿄밖에는 모른 채 성장한 중학생 입장에서 도중에 들른 미국이라는 나라의 풍물에는 분명 경탄할 만한 가치가 있었다. 드넓은 중서부의 대 황야, 로키산맥, 나이아가라 폭포, 뉴욕의 고층빌딩, 하버드를 비롯한 여러 대학들 등, 책이나 엽서 등으로 봐왔던 예비지식과는 완전히 달랐다. 그것은 자연의 웅대함, 지혜의 진보, 풍요로운 물질문명 등에 대한 경이로움 그 자체였다.

그러나 케임브리지의 뒤뜰The Backs의 우거진 나무들 사이에 서서 거울 같은 케임 강에 그 그림자를 드리우며 봄날 연한 잿빛 하늘에 솟구쳐 오른 킹스 칼리지 예배당을 우러러 보았을 때, 그 깊은 감동은 인간이 과연 평생 동안 몇 번이나 경험할 수 있을까 싶다. 20여 개의 칼리지 예배당에서 일제히 울려 퍼지는, 수많은 천사들이 하늘 위로 날아오르는 광경을 연상시키는 그 급한 가락의 종소리를 들으며 초록색 잔디밭을 돌아 예배당 안으로 들어가서 가장 말석에 앉아 파이프 오르간 연주를 듣는다. 똑같은 하늘 아래, 똑같은 이 지구상에 이러한 곳이 존재한다는 것을 모른 채 지금까지 살아왔단 말인가. 긴 세월 동안 고도의 문화로 배양된 인간의 정신은 마침내 이 세상에 이러한 것을 만들어내고 있었던가. 계시라는 단어가 있다. 독단일지 모르지만 그것은 이러한 경우에 사용되는 것이리라. 보다 웅대한, 보다 풍요로운 미국의 여러 면을 접했을 때도 느낄 수 없었던 이 강한 감동은 무엇에 의한 것일까. 그것은 옛날부터 이 대학에 전해져 온 학문의 힘이 배경이 되고 있기 때문일 거라고 중학생은 자문자답해본다. 그리고 그 학문에 대해 한없는 경외심을 느꼈던 것을 기억하고 있다.

어떤 곳의 사원을 문득 방문하여 생각지도 못하게 마음껏 평온한 한때를 보낼 수 있는 것은 유럽을 여행하는 사람의 큰 기쁨이다. 빈Vienna, 밀라노Milano, 솔즈베리Salisbury, 쾰른Cologne, 루앙Rouen, 스트라스브르그Strasbourg, 예를 들자면 한이 없다. 그러한 것들 가운데에는 케임브리지의 킹스 칼리지 예배당보다 웅장한 아름다움, 유서 깊은 분위기 등 볼거리로서의 객관적 조건이 탁월한 곳들이 적지 않을 것이다. 그러나 그 후 결국 다시는 그러한 각별하고 격렬한 충격을 받지 못했던 것은 어떠한 이유에서일까. 처음이라는 것도 있었겠지만 역시 오랜 학문적 배경이 크다고 할 수 있지 않을까.

그 후 케임브리지의 다른 칼리지의 어느 순간의 어떤 정경, 옥스퍼드 막달렌 칼리지Magdalene College의 탑, 본Bonn, 그르노블 Grenoble, 프라하Prague 등의 대학 일부, 어느 아침 일찍 지나쳐 갔던 런던의 그레이스 인Gray's Inn, 그리고 어느 가을 해질 무렵 '철학자의 산책로'에서 내려다본 하이델베르크 거리 등에서 약간 이에 가까운 정감의 단편적인 추억이 있다.

한편 리스 스쿨 예배당 동쪽 외곽에는 제1차 세계대전에서 목숨을 잃은 이 학교 출신자들에게 바치는 기념비가 있다.

선전포고 당시 재학생 대다수는 병역을 지원하기에는 연령이 너무 어렸으나 모두들 적절한 구실을 대며 종군하고자 하는 초지를 관철하였고 그 일부는 결국 돌아오지 못했다. 나중에는 징병제도로 바뀌었지만 개전 당초, 자원병만이 있었을 무렵, 옥스퍼드·케임브리지 두 대학과 퍼블릭 스쿨 학생 등 이른바 특권계급 자제가 솔선하여 국난을 타개하기 위해 전쟁터로 달려갔던 것은 잘 알려진 바와 같다. 정치상의 특권은 거의 잃었지만 여전히 사회적으로는 특별 대우를 받고 있던 그들이, 자신들이 가졌던 특권의 반대급부로서 동반되는 의무를 다하려는 간절한 바람에서 이런 행동을 취했을 것임에 틀림없다. 이른바 '노블레스 오블리주Noblesse Oblige' 정신이다.

피터 브레넌Peter Brennan 자서전의 일절에 다음과 같은 내용이 담겨 있다. 해로 스쿨에서 박물학 교사로 지내고 있던 그가 여름방학을 이용하여 제자인 어떤 백작의 외아들과 자전거 여행을 떠난다. 그러다 선전포고 뉴스를 듣고 두 사람은 그대로 여행지에서 자전거를 내달려 런던으로 달려가 종군 지원자의 긴 행렬에 선다. 그는 무사히 통과했지만 소년은 16세를 20세로 허위 기재한 것이 발각되어 거부당한다. 빙그르르 돌아서 다시금 행렬의 마지막 끝에 붙는다. 세 번째에 마침내 부아가 난 조장이 일부러 모른 체하고 있는 와중에 용감하게 검문을 빠져나가 버린다.

그리고 4년 반 후, 한 사람은 다리 하나를 잃은 채 귀환하였고 또 한 사람은 끝내 돌아오지 못한다.

아아, 아까워라. 영국에 자전거가 2대, 여분이 남았다! 귀환한 날 부두에서 처음으로 애제자의 전사 소식을 접하자 빙긋 웃으며 그런 독백을 한다. 이런 때 이렇게 뒤틀린 말을 해 보이는 버릇이 영국인에게는 다분히 있다. 타인에게 눈물 따위 어찌 보이랴.

그러나 우리들이 깊은 감동을 받는 것은 종군을 위해 런던으로 자전거를 내달리는 도중의 젊은 스승과 제자의 모습 때문이다. 아무런 흥분도 없고 아무런 감상感傷도 없다. 그저 담담하게 특정 호랑나비가 가진 날개 문양의 특징을 논하고 있다. 보통 때의 얼굴, 보통 때의 목소리와 전혀 다르지 않다. 하지만 16세 소년이 목숨을 버리고자 떠나려고 하는데 아무런 감상도 없다는 것은 실로 이상하다.

두 사람은 도중에 작은 마을 우체국에 잠깐 들러 불투명한 유리로 칸막이가 쳐져 있는, 서로 마주보는 두 개의 책상에 제각기 의자를 가깝게 잡아당겨 앉아 고향에 전보를 친다. 교사는 문득 유리 칸막이 너머로, 연필에 침을 묻혀가며 글귀를 고민하고 있는 소년의 동그란 어깨가 '어머니의 젖무덤에서 끌려 나가는 강아지처럼' 작게, 너무나 작게 흔들리고 있는 것을 보고 있다. 그러나 일단 밖으로 나가자 소년은 아무 일도 없었던 것처럼 태연히 나비 이야기를 계속하는 것이다.

2년 정도 흘러 이 두 사람은 딱 한 번, 전장 최전선의 작은 역에서 짧은 재회를 한다. 소년은 언젠가 수첩 끝에 그려두었던, 참호에 날아 들어온 호랑나비 한 마리의 날개 문양을 보여드린다. 그 이야기를 했을 뿐 두 사람은 이내 그대로 헤어져 버린다. 부드러움을 잃어버린 소년의 뺨, 그 날카로운 선에서는 스무 살은커녕 이미 중년 남자의 뺨이 보이는 것만 같아 교사는 소름이 오싹하여 고개를 돌려버렸다. '그대로 소년은 용감하게 지옥으로 돌진했다'고 해야 할까.

자주 냉정하다는 평가를 받지만 실상 영국인처럼 감정이 강한 국민은 없을 것이다. 찰스 디킨즈Charles Dickens나 안소니 트롤럽 Anthony Trollope 소설의 어떤 부분에는 그들의 강한 기쁨과 강렬한 노여움이 불타오르는 양상을 묘사하고 있다. 단 그들은 적나라한 감정을 다른 사람에게 그대로 보이는 것을 꺼려하고 자신의 감정의 프라이버시를 어디까지나 고수한다. 이것을 고수함으로써 비로소 그들이 신조로 삼는 '타인에게 주면서 스스로 취하다' 정신에 근거하여 타인 감정의 프라이버시도 존중한다. 자신의 격렬한 감정을 그대로 드러내는 것은 타인의 평온한 감정을 흐트러뜨리는 경우가 많다. 그들 사이에 감정의 억제를 미덕으로 삼고 그 과장을 무례로 파악하는 계율이 생겨난 까닭이다.

그들이 일상적인 대화에서 최소한의 표현을 존중하고 최대한의 표현을 억제하며, 극이나 시, 소설 등에서도 비교적 비극을 좋아하지 않고 배우의 과장된 연기를 꺼리는 것은 모두 이런 이유 때문이다. 눈물을 쥐어짜는 비극에 완전히 푹 빠져서 정말로 재미있었다고 솔직하게 기뻐하는 일본인과, 장내에 다시금 빛나는 불빛에 황급히 눈을 가리며 너무 당찮은 것을 봤다고 분개하는 영국인과는 차이가 있다. 모두 완벽히 즐기며 감상한 것은 틀림없을지라도 감동했다는 사실, 그리고 그 증거를 타인에게 보이는 것을 꺼리는 마음이 강한 것이다.

1945년 5월 독일이 항복했을 때 수상 처칠이 하원에서 이 중대한 뉴스를 발표하게 되었다. 이 순간하며, 이 인물하며, 잔뜩 모인 사람들이 어떠한 기대로 그의 등단을 맞이했을지 가히 상상하고도 남음이 있다.

'금일 독일 정부는 항복을 요청했다. 따라서 독일과의 전쟁은 이것으로써 끝났다. 국왕폐하 만세.' 이것뿐이다. 최대한의 표현은커녕 형용사 자체가 하나도 없다. 게다가 청중들은 소매로 눈을 비비며 당찮은 말이 아닌가, 하고 이구동성으로 분개했다는 이야기다.

리스의 기념비는 영국의 어떤 외진 마을에도 반드시 하나쯤은 그 유형이 보이는 극히 간소한 것에 지나지 않는다. 갑옷을 입고, 나란히 선 양다리 앞으로 병행하여 세운 큰 칼 위에 양손을 얹고, 머리를 늘어뜨리고 묵묵히 서 있는 중세의 기사 상을 안에 두고, 성명, 연령, 졸업 연도, 전사지 이름을 깨알같이 새겨 넣은 대리석이 박혀 있다. 순서는 앞 문자 알파벳순이며 생전의 군대계급이나 수여된 훈장의 높고 낮음을 따지지 않는다. 일본의 모든 훈장에는 몇 개인가의 등급이 있고 훈장을 받는 사람의 계급에 따른 제한이 있다고 하는데 거의 이에 상당하는 영국의 빅토리아 크로스에는 등급이 없으며 수상자 신분에도 상관없이 똑같은 것이 수

여된다. '전장에 있어서의 현저한 무용武勇'을 표창한다면 이것이 지당할 것이다.

미국의 어떤 잡지는 최근 옥스퍼드에 세워진 제2차 세계대전 기념비에 자신의 조국을 위해 숨진 독일 학생 이름이 아무런 차별 없이 영국인 학생들 사이에 섞여 새겨져 있다는 사실을 지적하며 하버드 대학의 기념비에는 옛 적국 인명이 별도의 틀 안에 정리되어 있다는 사실을 비판하고 있다. 죽음이 모든 은혜와 복수를 청산하고, 애국이라는 뜨거운 마음에 차이가 없는 것이라고 한다면, 옥스퍼드의 관용을 고귀하다 말하고 싶다.

아침 예배가 끝나고 리스의 전교생들은 식당에 모인다. 제각기 약 30명이 앉을 수 있는 탁자가 8개 늘어서 있으며 그 양 끝에 각 기숙사 하우스의 하우스 마스터와 선도부가 한 사람씩 자리를 차지하고 그 외에는 제각기 마음대로 무리지어 앉아도 된다. 남녀 급사 분들이 있어서 미국 학교에서 보는 것처럼 학생들이 식당 등에서 일을 하며 학자금으로 충당하는 일은 전혀 없다. 옥스퍼드, 케임브리지 양 대학이나 퍼블릭 스쿨에서는 고학이라는 것이 전혀 불가능하며 그 외 학교에서도 장학금으로 학비의 일부를 마련하는 것 이상은 어렵다. 특히 외국인에게는 엄격한 노동법 제한이 있기 때문에 영국에서 일본인이 일하면서 배운다는 것은 전혀 생각지도 못할 일이다.

양 대학 학교생활이 의식주 면에서 매우 풍요로운 탓인지 퍼블릭 스쿨의 학교생활도 호화스러울 거라고 추측하는 경우가 있다. 의복이라는 측면에서는 표면적으로 큰 차이는 보이지 않는다. 이튼 스쿨의 실크 햇, 정장 코트는 세계적으로 알려졌는데 다른 근대적 학교에서도 일요일과 의식이 있는 경우에는 그와 비슷한 복장을 하도록 정해져 있다.

그러나 평소에는 제복이라는 것이 없고 보통 그들이 가정에서 사용하던 것을 그대로 입고 있다. 영국인이 좋아하는 회색 플란넬 바지에 트위드 직물의 상의, 거기에 파란 줄무늬나 기타 색깔이 있는 와이셔츠가 대부분이다. 단 퍼블릭 스쿨 학생들은 연령 문제도 있어서 대략 이러한 것들은 어머니 몫이며, 따라서 경제적으로 여유가 있는 자도 수수하고 견실하며 눈에 띄지 않는 복장을 하고 있다. 특별히 비상식적인 점이 있으면 당연히 교사 혹은 선도부로부터 주의가 있을 텐데, 그러한 예는 단 한 번도 들어본 적도 본 적도 없다는 사실로 추측해보면 대체적으로 그들은 복장에 대해 특별한 취향은 없는 것으로 생각된다. 물론 대학에서는 만사가 자유이기 때문에 일부에서는 이 방면에 무의미한 낭비를 하는 사람도 있다. 퍼블릭 스쿨에서는 넥타이는 반드시 검정이나 학교 색으로 한정되어 있다. 강제라고 한다면 이 점이 강제일 것이다.

거주하는 곳도 규모는 비교할 수 없지만 양식이나 그 외에도 비슷한 점이 적지 않다. 그러나 대학에서는 모든 학생들이 반드시 혼자 차지하는 거실과 침실, 부엌을 가지도록 되어 있다. 이러한 공간들을 가지는 것은 희망자에 한해 허락되는 것이 아니라 학생이라면 누구나 반드시 가져야 하는 것이다. 진정한 의미에서 학교생활을 보내기 위한 필수품이라고 생각되고 있기 때문이다.

이와 반대로 앞서 언급했던 것처럼 퍼블릭 스쿨에서는 선도부를 제외하고는 일체 개인실을 부여받지 못한다. 게다가 편리하다는 것을 뻔히 알고 있어도 좀처럼 새로운 것에 달려들지 않는 이

나라의 습성 때문에 세세한 부분에서는 옛날 관습을 너무 지나치게 묵수하고 있다고 생각되는 것들이 많다. 실내의 와사등이 전등으로 바뀐 것이 1920년대 중반으로, 여름 휴가에서 돌아왔더니 그 공사가 끝나 있었다. 밤에 자습 감독을 위해 온 노교사가 신기하다는 듯이 스위치를 비틀어보거나 끄거나 하고 있었는데, 이때쯤이라면 일본에서는 어지간한 시골이 아닌 다음에야 전등을 신기해하는 사람은 없었을 터이다.

물론 이 전년 무렵에는 학교 안에서 방송연구회가 만들어져 부유한 학생들은 바로 이어폰을 머리에 쓰고 엄청난 잡음 속에서 대부분 감으로 뉴스의 내용을 알아듣고 기뻐했던 적도 있었기 때문에 결코 문화가 뒤처졌던 것은 아니다. 딱히 방송에 흥미를 가지고 있었던 것은 아니었지만 연구회에 들어가면 방송 시간 관계로 저녁에 9시 반까지 깨어 있을 수 있기 때문에 그게 너무 기뻐서 자주 이 초기 방송을 듣곤 했다. 분명 로이드 조지 내각 총사직의 임시 뉴스를 들었던 기억이 있기 때문에 아마도 1922년이었을 것이다.

전등 전에는 와사등이었는데 누에 피부처럼 창백한 음영이 많은 그 조명도 지금은 리스에서의 추억을 그리운 것으로 만들어주는 데 소중한 요소가 되고 있다. 와사의 압력 때문인지 때때로 여름밤에 지렁이가 운다는 것과 비슷한 '지잇!'하는 소리를 듣는 경우가 있다. 독서하는 귀 언저리에 맴돌던 그 소리는 그리운 대상이다. 최근 「가스등」이라는 제목의 영화 광고에 나왔던 그것과 비슷한 것이 교내 여기저기에 서 있었다. 침실의 하얀 천정에 그로테스크한 그림자를 드리우는 창밖 와사등, 격렬한 초겨울 바람이 거칠게 휘몰아치는 별밤에 차갑게 서 있는 현관등, 그리고 안개

자욱한 밤—— 전등은 편리하긴 하지만 무척 산문적이라는 것도 부정할 수 없다.

옷이나 거처에도 대학과 퍼블릭 스쿨의 생활에는 큰 차이가 있는데, 가장 확연히 드러나는 것은 식사를 통해서였다. 대학에서는 칼리지 홀에서 일정한 수 이상의 야식을 먹는 것은 학점을 따는 필수조건의 하나지만 그 식사는 이른바 '기숙사 밥'이라는 통념과는 완전히 거리가 먼 호사스러운 것이다. 아침은 각자의 방에서 무엇이든 주문한 음식이 배달되고 낮에도 식당 혹은 자신의 방에서 주문한 음식을 받으면 된다. 교사나 학생끼리의 회식이 빈번하기 때문에 조찬, 오찬, 오후의 홍차 등 실로 사람을 만나는 일로 바쁘다. 한마디로 말하자면 대학 기숙사 음식이 영국의 유복한 가정 혹은 호텔과 거의 비슷할 정도로 호화스러웠던 것이다.

한편 퍼블릭 스쿨의 식사는 질적으로나 양적으로나 모두 이와 정반대라고 해도 좋을 지경이다. 이 점은 언뜻 보면 매우 사소한 것으로 보이지만 실은 퍼블릭 스쿨 교육을 바르게 인식하는 데 있어서 매우 중요한 요소라고 생각한다. 앞서 언급한 것은 리스 스쿨의 예인데 다른 학교의 경우도 큰 차이점은 없다고 봐도 무방하다.

아침에는 오트밀 소량, 훈제 청어 혹은 소시지 한 조각 등이며, 일요일에 나오는 계란 한 개는 최대한의 성찬이다. 자그마한 빵 두 조각과 홍차. 점심은 감자를 메인으로 고기가 소량 들어간 한 접시의 요리, 당근, 양배추 종류가 소량 딸린 경우도 있다. 과자 한 접시, 빵 한 조각. 차를 마실 때는 빵 세 조각, 마가린 소량과 홍차. 야식이란 것은 전혀 없다.

한정된 용돈으로 매점에서 구한 두세 조각의 초콜릿, 사탕 종류를 빼면 이것이 발육 왕성기에 매일 강제적으로 스포츠를 할 수밖에 없는 12세부터 19세 사내아이들이 먹는 하루치 식량의 전부다. 이것으로 총계 약 1000칼로리가 되는지, 어떤 비타민 종류가 얼마나 부족한지는 알 수 없으나 확실한 것은 이것이 결코 당사자에게 만복감을 줄 수 있는 게 아니라는 점이다. 전문가들 역시 이 메뉴표를 보고는 고개를 갸우뚱거릴 것이다. 이것으로는 도저히 빅토리아 시대의 영국인의 미신인, '고기와 감자, 그 외의 것은 없었으면 좋겠다'는 사상에서 한 걸음도 나가고 있지 않다. 질적으로 말하면 이 식사는 영국의 가장 가난한 가정에 거의 근접할 정도이며 양적인 측면에서 야식이 전혀 없다는 사실로 그 표준에도 미치지 못한다고 할 수 있을 것이다.

그들의 역사나 문학에는 지난 날 영국인이 이른바 '테이블의 쾌락'에 빠져 특히 육류를 탐했던 모습을 서술한 기록이 많다. 한 끼니에 양 한 마리를 통째로 구워 혼자서 먹어치운 이야기도 보인다. 영국 가축은 18세기에 상당히 개량되어 오늘날에 가까운 표준에 도달했으며 그 이전의 가축은 현재보다 훨씬 질도 떨어지고 형태도 작고, 양은 3분의 1 정도였다고 한다. 그러니 그러한 폭식도 가능했던 거라고 생각된다. 현대의 영국인들은 이 시대와 비교하면 훨씬 소식을 하고 있으며 전쟁 전의 일본인 평균량과 비교해도 대체로 양이 적다고 생각된다.

그렇다고 영국 어린이들이 리스의 이런 식사에 만족하고 있던 것은 아니다. 특히 야식이 없다는 것은 정신적으로도 치명적이다. 점심식사가 끝나면, 이걸로 내일까지 식사는 없다는 적막감이 엄습하고 우선 낮과 밤의 구별이 확실하지 않으며 기분이 평온해지지 않는다. 사실 서머타임 동안 야식도 없이 공복상태로 찬란한 햇살을 받으면서 침대로 올라가기를 서두른다고 하는 것은 인생에 대해 허무함마저 느끼게 한다.

그러나 이 식사로 인해 건강을 해친 사람이 한사람도 없었다는 것 또한 사실이다. 모두들 혈색이 좋고 생기발랄하게 생활을 영위했으며, 영양실조라든가 비타민C 부족이라는 것도 전혀 들어본 적이 없었다. 영국 의사들도 항상 신선한 야채나 과일 섭취의 필요성을 설파하고 있고 칼로리, 비타민, 편식의 피해 등 여러 형태로 주의를 주고 있기 때문에 퍼블릭 스쿨 학생들만 특이한 체질을 가지고 있지 않는 한 이것은 조금 이상하다고 생각한다. 어찌해서 퍼블릭 스쿨에서만 이처럼 의학 상식을 무시한 일이 행해지고 있는 걸까. 그리고 어떻게 그대로 아무 일 없이 무사히 지나가고 있는 걸까. 25년간 품어왔던 의문이지만 아직 명확한 해답에 다가간 적이 없다. 단, 식량 사정에 대한 인체의 적응력이 얼마나 대단한지는 당시 이미 체험에 의해 절실히 알고 있었다. 이번에 치른 제2차 세계대전에서는 그저 내키지는 않아 하면서도 재확인했던 것에 지나지 않는다.

밤에 침상에 든다. 공복 상태다. 잠이 오지 않는다. 계속해서 먹는 것들에 대해 생각한다. 망막에 떠오르는 것은 아주 맛있을 것 같은, 김이 모락모락 나는, 접시에 다 담을 수조차 없는 이런저런 음식들이다. 요번 휴가에 가면 우선 맨 처음 무엇을 먹을까 고민한다. 전전반측하고 있는 동안 조그마한 한숨 소리가 이어진다. 옆자리와 작은 목소리로 로스트 비프와 양갈비 구이 중 무엇이 더 맛있는지 우열론을 시작한다. 선도부에게 조용히 하라고 한

소리 듣는다. 모포를 뒤집어쓰고 결론은 꿈속으로 가지고 간다.

지금쯤 고향에서 부모형제가 무엇을 하고 있을까 하는 생각은 들지 않는다. 무엇을 먹고 있을까가 신경 쓰인다. 당시 집으로 보내는 편지에는 온통 이런 이야기로 가득 차 있었던 것 같다. 실로 아귀도餓鬼道다.

이러한 환경에 있었기 때문에 한 학기에 두 번 있는 휴일은 즐거웠다. 2, 3주 전부터 의논해서 조금씩 모아둔 용돈을 가지고 아침에 교문에서 식료품 가게로 자전거를 내달린다. 다 끌어안을 수 없을 정도의 꾸러미를, 교외로 향하는 사람은 자전거 앞 바구니에 집어넣고, 강으로 가는 학생들은 팬트 카누라 불리는 작은 배에 싣고 삼삼오오 제각기 목적지로 출발한다.

한 시간쯤 노를 저어 가다가 버드나무 뿌리 부근에 배를 묶어두고 기슭으로 올라간다. 초록 풀이 가득한 가운데 미나리아재비 꽃이 만발해 있다. 사과꽃이나 살구꽃이 흐드러지게 피어 있고 종달새가 지저귀며 뻐꾸기가 울고 소가 드러누워 있으며 양들이 풀을 뜯고 있다. 마치 초콜릿 상자에서 나온 듯한 그림 같은 풍경의 장소를 적당히 골라 마른 가지들을 모아 불을 지핀다. 청어를 한 마리씩 정성껏 신문지에 싸서 강물에 적시고 지글지글 굽기 시작하는 사람, 한 다스의 계란을 능숙하게 깨서 거대 비행선 모양의 오믈렛을 만드는 사람, 자기가 서툴다는 것을 자각하고 오로지 축음기를 돌리는 역할에만 열중하는 사람, 두세 장의 접시를 닦고 그것을 앞에 늘어놓더니 그 다음에는 자못 심각한 표정으로 물끄러미 허공을 노려보고 있는 사람, 이 경우가 가장 할 줄 아는 게 없는 주제에 먹을 때는 마치 걸신이 들린 사람 같다. 이렇게 먹고 이야기를 나누고, 이야기 나누고 먹고, 먹고 또 먹고, 이것이 기숙사 폐문 시간인 4시까지 계속된다. 과연 그날 밤 식당에 있는 빵이나 홍차에 손을 대는 사람은 없다.

전하께서 학교에 오셨던 날 전교생은 사관후보생 복장으로 열병식을 거행하고 돌아가실 때는 교문 옆에서 대열을 만들어 서서 작별 인사를 드렸다. 차가 움직이기 시작하자 교장선생님이 지금 전하로부터 내일을 특별히 '히로히토 데이'로 정해서 휴일로 하도록 하라는 분부를 받았다는 내용을 발표했다. 군모를 총검 끝에 걸어 이것을 양손으로 높이 받들며 그들은 하늘까지 닿을 듯한 큰 목소리로 만세의 환성 소리를 질렀다. 동맹국 황태자 전하에 대한 최대한의 경애심과 내일의 식량에 대한 전폭적인 기대를 담아서——.

한편 영국 퍼블릭 스쿨의 의식주에 있어서 이러한 내핍생활은 어떠한 이유에서일까. 유복한 계급의 자녀들이 많다는 점에서 보자면 반드시 절약의 의미만은 아닐 거라고 생각한다. 그렇다고 해도 그 정도가 너무 지나치고 대학 생활에서의 사치스러움과 비교해서 너무나도 균형이 맞지 않는다.

젊었을 때는 대부분의 사람이 그런 것처럼 이러한 사항에 대해 깊게 주의를 기울여본 적도 없었고 자진해서 다른 사람에게 가르침을 청할 만큼의 사려도 지니지 못했다. 소년의 생활에 찾아드는 여러 가지 현실을 그저 현실로서 무관심하게 바라보다가 시간이 지나 이것을 반성할 기회를 얻으면 비로소 그 무관심을 후회하거나 혹은 그 후의 경험과 분별에 의해 얻은 판단을 이미 그 당시부터 가지고 있었던 것 같은 착각에 빠진다—— 사람의 일생에는 이러한 예가 결코 적지 않을 거라고 생각한다.

감사하게도 현실이 아무리 고뇌에 가득 찬 것이어도 시간이 경과함에 따라 사람들은 그에 익숙해지거나 혹은 잊어버리거나 하는 습성을 가지고 있다. 무한한 고뇌라는 단어는 있다 해도 실제로는 과연 어떨까. 그리 많다고는 생각되지 않는다. 세상이 끝날 것처럼 생각될 정도의 폭풍우조차도 언젠가는 반드시 구름이 걷히고 구름 저편에는 햇살이 빛나고 있는 것이다.

너무나 평범한 이 이치를 그들은 그러한 내핍생활을 통해 몸으로 체득한다. 그 생활에 익숙해지기까지는 괴롭다. 몇 번을 거듭해도 학기가 시작되는 며칠간은 실로 지옥이다. 그러나 이것을 잘 견디고 참아내면 마침내 학교생활이 고통만은 아니라는 것을 알 수 있다. 풍요로운 가정생활에서는 생각지도 못했을 유쾌함이 반드시 기다리고 있다는 것을 깨닫고, '버터는 토스트 양면에 바르지 않는다. 그 한 면만을 보고 버리는 것은 어리석은 짓이다'라는 이치를 알게 된다. 바로 거기서 인내의 정신이 생겨난다. 소년들 스스로 몇 번인가 반복된 경험을 바탕으로 설령 무의식적이라고 해도 인간이 가진 적응 능력을 신뢰하고 정면에서 현실과 맞붙을 용기가 생겨나는 것이다.

전 게이오기주쿠대학 총장인 고이즈미 신조 박사님은 1948년 8월 15일 『도쿄마이니치東京毎日신문』에 게재된 논문 '자유와 훈련'에서 영국 퍼블릭 스쿨의 이러한 생활에 대해 다음과 같은 견해를 보이셨다.

'학생들은 대부분 유복한 집안의 자제이기 때문에 이상과 같은 결핍이 경제적 필요에서 온 것이 아니라는 점은 분명하다. 음식량의 제한은 사춘기 소년의 포식을 방지하려는 고려에서 나온 것이라는 설도 들어본 적이 있다. 어쨌든 소년들이 원하는 그대로 해주지 않는다는 것은 자유를 존중하는 영국 학교로서 우리들이 의외라고 느낄 만한 점이 많다. 그러나 여기에 오랜 세월의 경험과 사고가 충분히 반영되고 있음을 고려하지 않으면 안 될 것이다.'

그리고 나아가 이렇게도 지적한다.

'이러한 엄격한 교육을 통해 기대되는 바는 과연 무엇일까. 그것은 옳고 그름의 관념을 명확히 하고 옳은 것을 옳은 것으로 그른 것을 그른 것으로 당당하게 판단할 도덕적 용기를 길러주며, 개개인에게 이러한 용기를 불어넣음으로써 비로소 진정한 자유의 보장이 가능한 연유를 가르친다는 점에 그 가치가 있을 것이다.'

가히 지당한 말씀이라고 말할 수 있으리라. 만약 지금 리스 스쿨 교장선생님에게 이 점에 대한 소견을 여쭐 기회를 얻는다면 그는 반드시 고이즈미 박사님의 견해를 방증할 것이라고 믿어 의심치 않는다.

애지중지하는 자식의 기초 교육에서 이러한 가혹한 과정을 거치는 것이 올바르다고 믿고 전폭적으로 이에 임하게 하는 학부모의 양식도 결코 간과할 수 없다. 학부모 대부분은 일찍이 스스로 이러한 경험을 쌓은 사람들이기에 절실히 그 고통을 아는 반면,

그럼에도 동시에 그 효과가 얼마나 큰지를 믿고 있기 때문에 굳이 다시금 자식에게 이 길을 걷게 하는 것이리라.

원래 교육에 대해서는 누구든 즐겨 논하는 바이며 전문지식을 꼭 필요로 하지 않는 경우도 있다. 상식에 바탕을 둔 탁견도 얼마든지 있을 수 있고 훌륭한 학설은 일반인들도 얼마든지 이해할 수 있다. 따라서 자식에 대한 맹목적인 사랑에 빠진 나약한 학부모가 그런 고통이 부여될 것을 견디지 못하고 다른 안이한 방법으로 퍼블릭 스쿨 교육을 대신하는 일은 결코 어렵지 않다. 퍼블릭 스쿨 교육은 결코 완벽한 것이 아니며, 그 교육이 잘못되었다고 할 이유도 한두 가지가 아닐 것이기 때문이다.

하지만 그들은 그 경중을 가늠하고 이것을 올바르다고 판단할 양식과 올바르다면 과감히 실행할 용기를 모두 갖추고 있다. 즉 먼 장래까지 고려해 어떤 것이 자식에게 도움이 될지 깊이 고민하고 일시적인 연민을 버리는, 강하고 늠름한 애정을 말하는 것이다. 퍼블릭 스쿨 교육에 대한 그들의 절대적인 신뢰가 고통스럽다는 것을 알고 있으면서도 굳이 사랑하는 자식에게 고통을 주는 것을 원하게 만드는 것이다. 이런 점에서 어머니의 각오가 가장 중요할 것이다. 일본 부인들이 가지고 있는 자녀에 대한 애정은 각별한 것이지만 이러한 양식을 갖추고 있을까 하는 점은 과연 어떨까 싶다. 당시 저명한 정치가가 애지중지하던 자식의 영국 유학을 계획하고 리스 스쿨의 실상을 조사했는데, 식사 문제로 부인의 맹렬한 반대에 부딪혀 마침내 그만둔 경우가 있었다고 한다.

영국인들이 가지고 있는 이러한 양식과 용기야말로 최근 그들의 경제 상태를 호전시킨 내핍생활 실시를 추진할 수 있었던 원동력이다. 사랑하는 자식을 위해 임시방편적인 안이함을 버릴 수 있는 마음가짐을 지닌 사람은 국가재건을 위해서라면 설령 아무리 가혹하다 해도 일시적인 물질적 결핍은 반드시 참아낼 수 있을 것이기 때문이다. 동시에 이것은, 내년에 총선거를 앞둔 상황에서 지금 소득세율을 경감하는 것이 당략으로서는 유리할지도 모르지만 국가 백년대계라는 견지에서 본다면 굳이 이 방법은 택하지 않겠노라고 공언하는 재무장관과, 그 정신을 잘 이해하고 솔선하여 정책에 대한 지지를 아끼지 않겠다는 국민과, 같은 국민인 것이다.

그들이라고 해서 원래부터 자진해서 고통을 원하는 자들은 아니다. 사정이 허락하면 안락한 길을 택할 것이다. 물론이다. 단 항상 백년의 이해관계를 냉정히 판단하고 헛되이 눈앞의 짧은 안락을 탐하는 우를 범하지 말아야 할 것을 숙지하고 있으며, 안다면 그 어떤 어려움도 타개하여 '곤란한 길'을 선택할 결단력을 지니고 있다. 타협에 의해 여러 대처법을 충분히 터득하고 있는 그들은 동시에 타협이 허락되지 않는 최전선의 한계를 명확히 분별할 줄 안다. 타협과 구태의연함의 차이를 구별하고 그 경계를 애매하게 하지 않는 것이다. 그리고 이 예지와 용단이 유식자들의 전유물이 아니라 대중 한 사람 한 사람의 마음 깊숙이에 깊게 뿌리내리고 있다는 점이 중요하다. 바로 여기에 과거 영국이 종종 국가적으로 엄청난 어려움에 직면했을 때 잘못된 판단을 내리지 않을 수 있었던 중대한 원인이 숨어 있다.

제2차 세계대전이라는 공전의 난국에서 승리를 가져온 처칠과 보수당 정책이 종전과 함께 하루아침에 바뀌어버린 국가 정세와 융합하지 못한다고 판단되면 아무런 주저 없이 정권에서 전락시키기를 꺼려하지 않는다. 구국의 영웅에 대한 감사의 마음에는 변함이 없으나 그 감사의 타성이 그들의 이성을 흐리게 하는 것을 허락하지 않을 정도의 명민함도 영국의 대중들은 몸에 익히고 있는 것이다.

아침 식사가 끝나면 평일에는 8시부터 1시까지 학업 과정이 있다. 그 사이에 45분간의 휴식시간이 있으며 몇 조로 나뉘어 선도부의 지도를 받으며 맨손체조가 행해진다. 끝이라는 구령을 애타게 기다리다 매점으로 달려가는데 리스의 졸업생이 두 사람 이상 모이면 반드시 화제에 오르는 것이 그 10분간의 추억이다. 초콜릿을 혀끝으로 핥는 자, 레모네이드를 마시는 자, 특히 그 돼지고기가 들어간 둥근 파이! 하나에 6펜스라고 하면 일주일분의 용돈에 해당하기 때문에 누구든 매일 먹는 사치는 용납되지 않는다. 교정 잔디밭에 앉아 뜨겁고 노르스름하게 익혀진, 손바닥에 묵직한 중량감을 느끼게 하는 그 파이를 두 개로 갈라 한쪽 씩 후후 불어가며 먹었던 친구들의 얼굴. 이런 때 인간은 아무 말도 하지 않는다. 모두들 입을 다물고 묵묵히, 견딜 수 없는 표정으로 먹고 있다. 그리고 마지막에 파이 찌꺼기를 입속에 던져 넣고는 비로소 정신을 차리고 상대방을 바라보고는 빙긋 웃는다. 국적의 구별도 없으며 피부색의 차이도 없다. 인간끼리의 가장 순진한 우정이 서로 통하는 것은 의외로 이런 때이지 않을까.

점심식사가 끝나면 교장선생님으로부터 그날그날의 여러 지시가 있다. 이어 전교생이 옷을 갈아입고 운동경기가 시작된다. 봄학기는 크리켓 혹은 테니스, 비가 오면 크로스컨트리Cross-country 경기나 '산토끼와 개paper chase(산토끼가 되어 종잇조각을 뿌리면서 도망치는 두

아이를 다른 여섯이 사냥개가 되어 뒤쫓는 야외 놀이-역자 주)'가 행해진다. 교원 대부분은 뭔가의 운동 종목으로 대학 선수였던 경험을 가지고 있으며, 기술적인 면에서도 학생에게 진지한 지도가 가능하다. 60세 가까운 대머리 교사가 연푸른색 바탕에 빨간 사자 마크가 들어간 대학 선수 유니폼을 자랑스럽게 입고 크로스컨트리 경주의 선두에 서서 산야를 답파하는 광경은 실로 장관이라 할 만하다. 교장선생님도 이와 가까운 연배였는데 자주 테니스코트에 나타나 한 세트 게임에서는 학생들 중 당해낼 사람이 없었다. 훗날 전영全英 선수권을 획득하여 데이비스컵Davis Cup(테니스 월드컵이라고도 불리는 세계적으로 가장 권위 있는 남자 테니스 국가 대항 토너먼트 대회-역자 주) 선수로도 뛰었던 H.K.레스터Lester는 말 그대로 교장선생님이 리스의 코트에서 하나부터 열까지 자상하게 가르치며 길러냈던 선수 중 한 사람이었다.

스포츠에 대해 무척 진지한 생각을 가지고 있는 나라이기 때문에 운동장에서의 교사는 결코 애교로 대충 때우는 존재가 아니다. 교장선생님이라서 경원시하거나 대충하거나 하면 반드시 엄청난 피해를 입게 된다. 일본에서는 고이즈미 전 총장의 테니스 실력이 결코 보통 수준이 아니었음을 당시 게이오 선수들은 알고 있을 터이다.

가을에는 럭비, 겨울에는 하키, 물론 비가 오나 눈이 오나 전혀 문제가 안 되었다. 그 사이에 육상 경기 연습이 행해지거나 겨울에는 권투를 한다. 사계절 모두 옥내 풀에서 수영을 하며, 이상 모두가 학교 의사선생님의 진단이 없는 한 전교생 모두 참가하게 되어 있다. 퍼블릭 스쿨 생활에서 운동경기가 얼마나 중요한지는 주지하는 바와 같으며 그를 위해 새삼 하나의 항목이 준비되지 않으면 안 된다.

운동이 끝나고 옷을 갈아입으면 격일로 교과과정 자습, 사관훈련군단의 교련 혹은 음악 연습 등이 있다. 이어서 차를 마시고 잠깐 한숨을 돌릴 새도 없이 밤 예배가 시작된다. 그 예배당 종소리를 들으면, 기도했던 것처럼 '오늘 하루도 무사히 끝났는가' 하는 절실한 심정이 가슴에 엄습한다. 그날에 대한 반성이라고 하면 설교 같다는 생각이 들지만 모두들 고향을 떠나온 소년들이다. 바쁜 하루 일과에 쫓기다 보니 잠깐이라도 떠올릴 새 없었던 부모형제, 고향을 생각하는 것도 바로 이때일 것이다.

이어 대성당에 모여 자습을 한다. 교사가 있는 낮 시간의 교실에서는 무척 소란을 피우거나 장난을 쳐서 벌을 받거나 하는 그들이 교사가 없는 자습시간에는 사담私談 하나 하지 않는다. 가정에서라면 집중을 못하고 하는 둥 마는 둥 한없이 시간을 들이며 숙제를 할 수도 있겠지만 여기서는 자습시간이 한정되어 있기 때문이기도 할 것이다. 그러나 근본은, 공부에 할당된 시간에는 공부를 하자는 상식이 지배하고 있는 것도 분명하다. 전교생이 아무 감독도 없이 입을 다물고 조용히 공부하고 있다. 자제라고 해야 할지, 덩치가 큰데도 불구하고 의외로 어린아이 같다고 생각되던 그들이 이런 때에는 역시 어린 시절부터 받았던 엄격한 훈육이 결코 쓸데없지 않았음을 절실히 느끼게 한다. 이런 점에서 일본의 학생들은 완전히 엉망이다. 아무리 시끄럽게 말해도 종전 후 이만큼의 세월이 흐른 오늘에 와서도 전혀 나아지지 않았다. 누군가가 감시하며 시끄럽게 호통치거나 하지 않는다면 아무것도 못 한다── 가능한 것이라면 야구 정도일 것이다. 학생들은 특수한 계급이 아니기 때문에 그들만을 탓할 수도 없다. 요컨대 일본인 전체가 가지고 있는 커다란 결함이라 할 수 있을 것이다.

언젠가 한번은 어떤 학생이 자습 시간에 잡지를 읽고 있었다. 물론 주위 사람은 금방 그걸 알아차렸지만 아무도 그것을 신경 쓰는 기미가 없다. 타인의 잘못된 점을 지적하여 자신의 선량함에 안심하는 일도 없으며 타인은 태만한데 자기만 열심히 해서 손해라고 생각하는 기색도 없다. 사고방식이 성인인 것이다.

8시 반, 기숙사에 돌아와 그 큰 문이 잠긴다. 점호, 선도부의 주의, 그리고 주니어는 그대로 침실로 올라간다. 시니어에게는 여전히 얼마간의 잡담이 허락되는데 이때 미처 끝내지 못했던 자습을 하려고 하다가 선도부에게 제지당했던 적이 있다. 공부를 할 때 게으름을 피우는 것이 나쁜 것과 마찬가지로 타인이 쉴 때 혼자 공부하는 것은 나쁘다. 노동은 신성한 것이지만 노동조합 규정을 어기고 일을 하는 것은 죄악이라는 논리였다. 집단생활을 원만하게 운용하기 위해서는 그러한 제약도 필요하다는 것을 알았다. 도가 지나치게 학업 성적을 얻는 것은 그들이 가장 싫어하는 점이다.

이것으로 평일 일과는 끝나는데 일요일 행사가 시작되면 분위기가 완전히 바뀐다. 공부와 운동이 엄격히 금지되기 때문이다. 기상 시간이 30분이나 늦다. 복장 정돈이나 수염을 깎는 것은 평소에도 주의를 많이 받는 일이지만 일요일은 특히 엄중하다. 검은 상의, 줄무늬 바지, 예복용 모자, 거기에 순백색의 딱딱한 옷깃의 셔츠를 입는다. 아침에는 30분의 보통 예배, 1시간 정도의 일요 예배가 있다. 오후에는 2시간 가까운 성서 강의, 저녁 무렵에는 다시 한 시간 정도의 특별 예배에 참가해야 한다. 물론 교외로는 한 발자국도 나갈 수 없기 때문에 허락되는 것이라고는 햇볕이 잘 드는 곳으로 접이식 의자를 꺼내들고 나와서 학업과 관계없는 서적을 읽거나 조용히 교정을 산보하는 것밖에 없다. 그 지루함은 견디기 어려울 정도다.

그러나 영국의 일요일이 권태로운 것은 학교 안에서만이 아니다. 모든 상점, 운동경기, 흥행물이 폐쇄되며, 남녀노소 모두 가지고 있는 가장 좋은 옷을 입고 자신의 자리에 안주해 있다. 앙드레 모루아André Maurois(프랑스의 작가, 평론가─역자 주)는 이날은 태양 색깔도 평일과는 다르며 개 짖는 소리도 다르다고 말한 바 있다. 겨우 밤이 되어서야 영화관 정도만 문을 여는데 이것마저도 사이비 종교의 행위라고 비난하는 사람이 있지만 내심은 모두들 안도했음이 진실에 가까울 것이다.

지루하기는 하지만 평일에는 한시도 여가가 없는 생활이기 때문에 7일 중 한 번씩 이처럼 말 그대로 안식일을 가지는 것은 오히려 심신에 좋은 영향을 끼칠지도 모른다. 예복을 입은 소년들 50여 명이 팔짱을 끼고 천천히 우거진 나무들 사이를 느긋하게 거니는 모습은 실로 한가로운 풍경이다. 이런 때였는데, 어느 날 각국 도회지 이름을 열거하는 놀이를 해서 이긴 사람이 일동에게 초콜릿을 받기로 했다. 일본 차례가 되어 박식한 한 사람이 요코하마橫浜와 고베神戸를 들었다. 그 외에 수도가 있지만 이름이 생각나지 않는다는 파와 요코하마가 수도라는 파로 나뉘었다. 결국 누군가가 '상하이'라고 말해 이것은 반칙이 되었지만 영국의 중학생들은 도쿄라는 이름조차 모른다는 것, 한심스럽긴 하지만 사실이다. 이런 무지에 편승해, 아오모리青森, 히로사키弘前, 아키타秋田에서 시작하여 후쿠시마福島 근처까지 내려왔더니 일동은 항복을 하

고 초콜릿을 잔뜩 모아 준 적이 있다. 또한 기숙사에서 엄지발가
락과 검지발가락으로 구슬을 집어 올려 보여 이 기술이 추천을 받
아 기숙사 하우스 축제에 출전해, 그날 밤 압권으로서 만장의 박
수를 받으며 모두를 놀라게 한 적이 있다. 게타下駄(일본의 나무신으로,
왜나막신이라고도 부른다-편집자 주)를 신는 습관이 없는 그들의 발가락은
전혀 요령이 없었다.

일요일 밤에는 전교생이 강당에 모여 고향에 편지를 쓴다. 영국
인만큼 편지를 쓰는 국민도 없을 것이다. 사무적, 의례적인 편지
는 차치하고 정치, 문학, 철학, 예술을 논한 것에서 신변잡기적인
것에 이르기까지 아무튼 그들은 쓰는 것을 기뻐하고 읽는 것을 즐
긴다. 하숙집 여주인장이라는 부류의 사람도 아침 식탁에서 여러
통의 편지를 받고 매일 아침 하루의 귀중한 몇십 분을 편지를 위
해 할당하고 있다.

영국인들이 역사를 좋아하고 특히 전기류를 즐겨 읽는 것은 그
들이 무엇보다도 인간 생활에 강한 관심을 가지고 있는 증거라는
설이 있다. 언뜻 보면 쓸데없는 짓이라고 여겨지는 편지 왕래를
이토록이나 즐기는 경향은 그러한 국민적 습성에 의한 것일지도
모른다. 한편 이처럼 옛날부터 이름 없는 시정인들이 써왔던 엄
청난 양의 서간문들 중에는 후세 역사 연구자들에게 당시 사람들
의 세태나 풍속을 상세하게 알려주는 힌트를 제공하는 것이 적지
않다. 하물며 역사상 중요한 인물들의 실생활을 연구하는 데 있
어서, 여러 일들을 접하며 그들이 남겼던 서신들이 얼마나 중요한
가치를 지닌 것일지는 자명한 이치다.

평소에는 여가가 없는 학생들이 일주일에 한 번, 마음을 가다듬

고 편지를 쓰는 습관을 가지는 것에는 여러 가지 장점들이 생각될 수 있다. 이것을 받는 부모들은 우선 사랑하는 자식의 안부를 확인하며 일상의 동정들을 모두 상세하게 알게 된다. 자연스럽게 문맥에 나타나는 바에 따라 우리 아이의 성향을 알게 되고 그들의 인격 성장의 과정을 분명히 확인할 수 있다. 또한 자식 교육을 의탁하고 있는 학교의 실상도 알 수 있으며 교사나 친한 벗들의 사람됨이 어떤지도 명확해진다. 특히 3개월 남짓 멀리 떨어져 있는 소년들의 편지가 그들의 생활에 커다란 위안이 될 거라는 점은 말할 필요도 없을 것이다.

편지를 쓰는 학생 입장에서 본다면 고향에 계신 육친에게 애정 어린 말을 건네는 기쁨은 차치하고서라도 일상생활의 사건을 잘 관찰해서 이에 적확한 표현을 부여하는 힘을 습득할 수 있는 기회가 된다. 나아가 과거 일주일간의 자기 언행을 돌아보고 반성하는 데 도움을 줄 수도 있을 것이다. 무슨 일을 떠올렸는지 혼자 나지막이 웃는 사람, 더 이상 쓸 거리가 없어서 천장을 노려보고 있는 사람, 한쪽 구석의 자못 진지한 눈빛은 용돈 증액 요구를 위한 참신한 아이디어를 찾고 있는 사람임에 틀림없다. 이러한 편지들은 일요일에 우편함에 넣어지고, 그 답신이 주의 중간 정도에 와서 아침 식사 자리를 흥겹게 한다. 그리고 이것이 매주 반복된다.

체임벌린Chamberlain 내각의 외무장관 핼리팩스Halifax 경은 주지하는 바와 같이 훌륭한 인격과 고매한 교양으로 영국 정계에서 높은 위치를 차지했던 중진이다. 명문가에 태어났으며 일찍이 어머니와 세 형제를 모두 잃은 그는 이튼 스쿨, 옥스퍼드 시절부터 육친으로서 단 한 사람 살아남았던 부친과의 서신 교환을 게을리하지 않았다. 제1차 세계대전에서는 2년 반에 걸친 참호 생활 중에도 말 그대로 단 하루도 이것을 거르지 않았다고 한다.

볼드윈 내각 시절 그는 인도총독 취임의 교섭을 받았다. 모든 영국 소년들이 일생에 한 번쯤은 반드시 동경의 꿈을 가진다는 영광스러운 자리다. 그러나 그는 즉답을 망설였다. 80세가 넘는 연로한 아버지의 건강과 인도총독은 5년간의 임기 중 어떠한 이유가 있어도 그 땅을 벗어나면 안 된다는 불문율 사이에서 심각히 고민했던 것이다. 어떤 결정을 내려야 할지 망설이고 있던 그는 고향에 내려와 아버지에게 의논했다. 영국 귀족으로서는 드물게 경건한 가톨릭 신자였던 아버지는 아들의 팔을 잡고 묵묵히 저택 안의 예배당으로 들어갔다. 늙고 고독한 이 아버지는 국가를 위해, 사랑하는 자식을 위해 지금 단 하나 자신에게 남은 행복도 희생해야 한다는 것을 알면서, 이 경우에도 역시 결단을 위해서는 신의 힘을 원하지 않으면 안 되었다.

마침내 예배당을 나온 아버지는 밝은 미소로 바뀌었다고 한다. 다녀오렴, 나는 5년간 분명히 살아 있을 거야.

그리고 여기서 핼리팩스의 인도 통치가 시작되었다. 핼리팩스와의 교섭에서 크게 양보함으로써 유약한 태도라며 당원들에게 비난당한 간디가, 그 누구도 하느님을 상대로 싸움을 할 수는 없지 않겠는가 하고 술회하고 있다. 게다가 이 바쁜 자리에 있으면서 5년의 임기 동안 그는 단 하루도 거르지 않고 늙은 아버지에게 편지를 썼다. 총독의 친서는 수도 델리에서 봄베이항까지 세 명의 기마 파발꾼에 의해 운반되었다. 그동안 얼마나 떨어져 있든, 얼마나 시간이 걸리든, 이것이 5년이라는 기간 동안 매일 계속되었던 것이다.

그 사이에 몇 번이나 병에 걸렸다 낫기를 반복하다 마침내 4년째 되던 어느 날, 부친은 폐렴으로 위독해졌다. 육친이 모두 폐결핵으로 일찍 세상을 떠났고 그 자신도 무척 약한 체질이었던 핼리팩스는 그 소식을 전해 듣고 너무 상심한 나머지 자신도 드러눕게 되었지만, 역시 병고를 견뎌가며 부친에게 계속 썼던 이 무렵의 편지는 훗날 그의 이름으로 나왔던 전기에도 수록되어 있다. 만약 인간이 가진 성실함에 혹여 의심을 가진 사람이 있다면 필히 한번쯤 읽어보고 다시 생각해볼 가치가 있는 글일 것이다.

임기를 모두 마치고 국왕으로부터 파견된 군함으로 서둘러 귀국해서 보고를 마친 후 그 길로 곧장 고향으로 달려갔다. 아무 말도 하지 않고 부자는 팔짱을 끼고 예배당으로 들어간다.

감사의 기도를 마치고 마침내 어두운 예배당 안에서 나온 아버지가 아들의 얼굴을 똑바로 쳐다보며 말했다. 나는 너와의 약속을 지켰다, 라고.

석 달이 채 되기도 전에 아버지는 세상을 떠난다.

이러한 일화는 그의 전인격의 일부분을 보여주는 것에 지나지 않을지도 모른다. 인간의 인격은 복잡하며 겉과 속이 다른, 지킬 박사와 하이드의 예도 있다. 찾아보면 핼리팩스에게도 결점은 있었겠지만 적어도 그가 성실한 인간이라는 것은 틀림없는 사실이라 생각한다. 그리고 그가 가진 이러한 특질이야말로 독일 외무장관 리벤트로프Ribbentrop의 성격에 현저히 부족한 부분이었다. 결코 승패를 왈가왈부하는 바도 아니며 죽은 사람에게 침을 뱉는 것이 예의에 어긋남을 알지 못하는 바도 아니다. 다만 뮌헨 회담을 중심으로 한 체임벌린과 핼리팩스의 대독 유화 정책과 이것에 편승한 히틀러와 리벤트로프의 대영 강경 외교의 대조를 떠올리며 전자의 우둔함을 질책하고 후자의 명민함을 극찬했던 당시의 세평이 상기되기 때문이다.

오늘날의 외교가 당국자 몇 명의 개인적 성격에 의해서만 좌우되는 것이 아니라는 것은 잘 알고 있다. 그러나 당시 우연히 그들의 성격의 한 단면을 연구할 기회가 있었기에 인간성의 장점과 단점에 대해 다소 알 수 있었던 사람으로서 이 한때의 귀추에 납득할 수 없는 바가 있었던 것이 사실이다.

수년이 지나지 않아 형세는 역전되었다. 그 원인을 전자가 가진 성실의 힘이 인류 총수 4분의 3의 지지를 획득했던 것으로 본다면 너무 순진할지도 모른다. 그러나 인간의 영위라는 것은 의외로 솔직하게 아무런 꾸밈없이 전해지고 있는 경우가 많은 것은 아닐까. 장황하게 그럴 듯하게 따지고 드는 어른들의 논리보다 천진난만한 어린이의 직감이 오히려 급소를 명확히 찌르는 경우가 적지 않다.

이러한 경우 신의 섭리라든가 정의의 승리라는 말로 표현되는 경우가 있지만 이러한 말은 냉소가들이 뭐라 하든 실은 두려운 말이다. 그리고 핼리팩스는 이러한 단어들에 대한 두려움을 가슴 깊이 간직하고 있던 정치가 중 한 사람이다.

우리들은 영국의 관청들이 밀집해 있는 런던 화이트홀Whitehall의 외무부 장관실에서, 델리의 인도총독 관저에서, 핼리팩스 가문 선조 대대로 내려오던 별장 예배당에서, 그리고 진창길에 무릎까지 빠져버리는 서부전선 참호 속에서, 이러한 단어들이 가지는 진정한 두려움을 알게 됨으로써 서서히 완성되어갔던 하나의 인격 성장 과정을 지켜보는 것이다. 그리고 매주 일요일 밤마다 이튼 스쿨의 대강당 와사등 아래에서 아득히 먼 고향에 홀로 남겨진 아버지를 생각하며 펜을 바삐 움직였던 젊디젊은 날의 그의 모습에, 성실이라는 두 글자로 점철된 이 모든 과정의 출발점이 있다 해도 결코 지나친 독선은 아닐 것이다.

퍼블릭 스쿨의 생활이 올바른 규율 속에 운영될 수 있도록 힘을 보탠 것은 선도부 제도다. 선도부란 최고 학급에 속하고 인격이나 성적, 인망 등 모든 점에 걸쳐 타의 모범이 되며 어떤 종목이든 운동경기의 정규 선수로 활약하고 있는 학생들 중에서 교장에 의해 선발되어 교내의 자치를 일임 받은 몇 명의 학생들을 말한다. 결코 학생들에 의해 선출되거나 임명 시에 교장이 교사에게 의견을 묻거나 하지 않는다. 교장의 권력은 그처럼 강하지만 동시에 교장은 개개의 학생을 그 정도로 잘 간파하고 있다는 말도 된다.

기숙사 하우스에는 두 명의 하우스 마스터가 있는데 이 사람들은 직접적으로 그다지 세세한 것에는 간섭하지 않는다. 한편 학생들 사이에는 자신들의 소소한 분쟁을 일일이 교사의 판단에 맡기지 않고 마찬가지로 학생 동료인 선도부의 조정에 의지하고자 하는 경향이 있다.

애당초 이 제도는 학생들 간의 '약자에 대한 괴롭힘' 풍조를 방지할 것을 목적으로 한 것이라 일컬어진다. 교장으로부터 자치권을 위임받은 몇 명의 선도부들은 항상 이 점을 가장 유념하고 있기 때문에 현재 영국의 여러 학교에서는 이른바 '약자에 대한 괴롭힘'이라는 폐해는 거의 없어졌다고 말해도 좋을 것이다.

13세의 하급생과 18세의 인망 두터운 운동선수들이 언쟁을 일으켜 결국 후자와 친한 친구지간인 선도부가 조정에 들어가 쌍방의 이야기를 들은 후 그 하급생에게 유리한 판결을 내렸던 것을 본 적이 있다. 일본의 학교에서 이러한 일이 있었다면 우선 이 정도의 연령차가 있는데 애당초 언쟁이 일어났을지, 혹은 설령 선도부 제도가 있었다 해도 그들이 그저 이치만을 따져 자신의 동료에게 불리한 판결을 내릴 용기가 있었을지, 나아가 판결이 내려진 후 양자가 깨끗이 이에 승복했을지, 이 모든 점에 의문이 없다고는 할 수 없다. 물론 영국 학생들 사이에서도 언쟁은 종종 있다. 그러나 이것이 싸움으로 발전하는 경우는 거의 없다. 도중에 상대방의 논리를 인정하는 편이 많아 실로 화끈하게 자신의 주장을 철회하고 모든 것이 끝나 버린다. 이른바 '체면'에 얽매이지 않고 억지를 부리지 않는다. '네 놈은 건방지다고!' 자신의 잘못을 자각하면서도 이를 관철시키려 하는 강자가, 양심에 비추어 스스로에게 말할 때나 쓰는 이러한 말들은 그들 사이에서 통용되지 않는다.

따라서 선도부에게서 오만한 행동은 절대로 보이지 않는다. 그들의 특권이라 한다면 작은 개인실이 있다는 것, 취침 시간이 30분 연장되는 것, 그리고 안쪽 정원의 잔디밭을 가로질러도 좋다는 것 등 세 개 항목에 지나지 않는다. 그들은 하급생 사이에서 존경받는 친근한 존재이며, 학창 시절에 선도부 경험을 가진 것은 평생에 걸쳐 자랑할 만한 명예로 간주된다.

퍼블릭 스쿨의 생활 이야기에 종종 '하급생 팩fag'이라는 단어가 나온다. 명사 및 동사로서 사용되고 있는데 원래 이 단어는 노역의 의미를 가지고 있었으며 셰익스피어도 때때로 사용했던 오래된 단어다. 현재 학교에서는 이 단어를 한 사람의 정해진 상급생을 위해 장교 당번병처럼 잡일을 도와주는 하급생 혹은 이런 일을 맡는다는 의미로 사용되고 있다. 옛날에는 상급생이 고참 학생에게 괴롭힘을 당하는 어떤 특정 신입생을 보호해주고, 그 대가로서 신입생이 노력을 제공했던 것에서 시작된 것 같다. 예를 들어 하급생 팩의 신발은 학교에 소속된 인부가 닦지만 하급생 팩 자신은 자기의 '팩 마스터(상급생)'의 구두를 닦아야 한다. 자신의 차는 식당 종업원이 끓여 주지만 자신은 '팩 마스터'의 차를 끓여야 하는 것이다.

그러나 하급생 팩은 봉사는 하지만 노예는 아니라는 말이 있다. 이 제도가 만들어진 정신이 강자에 대한 약자의 노예화를 방지하기 위해서였기 때문에 당연한 일이지만 이 구별은 엄중히 지켜지고 있다. 만약 하급생 팩을 부당하게 다루는 상급생이 있다면 그는 그 자리에서 하급생 팩에게 봉사를 받는 특권을 버려야만 한다. 바로 이 점이 일본의 옛날 군대에서 행해진 장교 당번병 제도와 근본적으로 다른 점이다.

이 제도는 새로운 학교에서는 거의 채용되고 있지 않으며 이튼 스쿨이나 해로 스쿨 정도의 구식 학교에서 행해지는 것에 지나지 않는데 이마저도 점차 폐지되는 경향이 강하다고 한다.

퍼블릭 스쿨에서는 규율을 지키기 위해 필요한 엄중한 벌칙이 있다. 퇴교나 정학에 해당하는 중한 죄는 차치하고 일상적인 반칙은 교장이나 교사, 선도부가 부여하는 'Y'를 단위로 하는 형벌에 의해 처리된다. 'Y'란 일정한 라틴어 구를 100번 청서하는 것을 말하는데, 가령 일주일간 7개의 'Y'를 받은 자는 700번 그 구를 청서하여 제출해야 한다. 그리고 매주 토요일 전교생이 모인 자리에서 교장선생님에 의해 그 성명과 죄상이 읽혀지고 범인은 단상에 불려간다. 여러 사람들 앞에서 자신의 추태가 폭로되는 구조인데, 그때 교장선생님은 채찍을 들고 있다. 오늘날 채찍은 단순히 징벌의 상징이며 과거처럼 실제로 사용되는 경우는 극히 드물다. 물론 옛날 방식을 취하는 학교에서는 오늘날에도 교장이나 교사가 채찍을 사용하는 듯한데, 이런 경향도 서서히 없어지고 있다. 단 극히 미세한 죄의 경우 침실에서 선도부에게 슬리퍼로 엉덩이를 맞는 경우도 있지만 이것은 오히려 애교 수준으로 이를 진지하게 생각하는 것은 멋을 모르는 것이나 다름없다.

벌칙이라는 측면에서 영국의 퍼블릭 스쿨이 가지고 있는 보수적인 면을 상당히 확연히 남기고 있는데 이것이 결코 압제적으로 운용되고 있지 않다는 점에도 주목할 필요가 있다.

가령 교실에서 뭔가 장난을 치고 있는 학생을 발견한다. 교사는 온화하게 그 이름을 부르고 "지금부터 자네에게 세 개의 Y를 부여하고자 하는데 그것을 부당하다고 생각한다면 그 이유가 있는지, 혹시 있다면 말하거라"라고 말한다. "죄상은?"이라고 학생이 묻는다. 이게 이렇고 저게 저렇고, 교사가 설명한다. 그에 대해 납득하면 학생은 깨끗이 그 죄를 인정하고 부당하다고 생각하면 끝까지 그 이유를 묻는다. 때에 따라서는 유죄를 인정하고 읍소하며 선처를 요구해 감형을 받고자 하는 자도 있다. 그것이 기지에 넘치는 것이라면 교사는 파안대소하고 감형 혹은 무죄로 해준다. 단 거짓을 말하며 도망치려고 한다거나 동료에게 죄를 뒤집어씌우려고 하는 경우가 있다면 그 학생은 극형을 각오하지 않으면 안 된다. 퍼블릭 스쿨에서 이 이상의 중죄는 생각할 수 없기 때문이다.

죄를 저질렀다면 남자답게 이것을 인정하고 벌을 달게 받아라, 이것이 퍼블릭 스쿨 정신이라고 전해진다. 리스에서는 학년 말 최종 일요일 예배는 반드시 교장이 직접 사제로 나서며 졸업생에게 이별의 말을 선사하는 것이 일반적이다.

이번에 학교를 나가는 제군 모두 훌륭한 인간이 되는 것이 이상적이지만 오늘날의 사회에서는 아직 그러한 것은 도저히 바랄 수 없다. 뜻을 이룬 자, 그렇지 못한 자, 사회가 제군에게 대하는 방식은 천차만별이겠지만 제군의 모교가 제군을 대하는 방식은 항상 똑같으며, 장관, 장군, 고위 성직자, 사장, 가난한 월급쟁이, 순사, 병졸, 우체부, 그 어떤 것이 되든 제군 모두를 기꺼이 맞이하는 교문의 넓이에 그 어떤 차별도 없다. 한 반이 그대로 사회의 축소판인 이상, 혹은 제군들 중에서 형법을 어긴 죄인이 나올지도 모른다. 남자답게 자신의 죄를 인정하고 깨끗이 정해진 벌을 달게 받는다면, 모교는 그를 기꺼이 환영할 것이다. 단 그렇지 않은 자, 죄를 범하고 도망가려는 자, 타인에게 죄를 전가하여 혼자 도망치려는 자에 대해서 리스의 철문은 영구히 열리지 않을 문이라는 것을 분명히 알도록. 남아라면 죄악에 대해서도 역시 남아답게 행동하라.

내가 다니던 시절에는 그러한 의미의 이야기였다. 짧은 이야기이긴 했지만 다 듣고 난 후 누구 한 사람 고개를 치켜드는 자가 없었다.

(2) 교장

어느 퍼블릭 스쿨에서든 교장 사택을 중심으로 그 주위에 기숙사 하우스가 지어져 있다. 퍼블릭 스쿨에서의 교장의 위치가 이

한 가지로 분명히 상징되고 있다. 학교생활의 모든 부문이 그를 중심으로 움직이며 모든 재량권이 그 한 사람의 판단에 의해 처리된다. 학교의 운명이 교장 한 사람에게 달려 있다고 봐도 무방할 정도도. 훌륭한 학교에는 반드시 훌륭한 교장이 있다고 일컬어지는 연유다.

일본의 학교 평의원회에 상당하는 것이 '의사결정기관Board of Governors'인데 위원 숫자는 전반적으로 영국 쪽이 훨씬 적다. 리스에서는 5명, 학교와 연고가 깊은 유서 깊은 가문의 당주가 세습적으로 이름을 올리고 있으며 거기에 재정에 통달한 사람 한두 명이 들어와 그 방면을 담당하고 있다. 이번에 공습으로 부인과 함께 세상을 떠난 저명한 재정학자 조시아 스탬프Josiah Stamp 경은 오랜 기간 그중 한사람으로, 그 분의 자제분과 동창이기도 했고 부부 모두 일본에 각별한 호감를 가지고 계셨기에 여러 가지 호의를 베풀어주셨던 기억이 있다. 이 기관의 권한은 교장의 임면과 학교 재정 처리로 한정되고 평상시에는 한 학기에 한 번 모이며 교장으로부터 학사보고를 받고 기금의 모집 등을 의논하는 정도라고 들었다. 교내 사업에는 일체 간섭하지 않는다.

교장이 어떠한 권력을 가지는가는 교직원 회의라는 것이 전혀 존재하지 않는다는 사실 하나만으로도 분명하다. 교직원은 각자 교장에 대해서만 책임을 가지며 교장의 신임에 의해서만 그 직위에 있을 수 있다. 교장과 의견이 대립한다면 그는 자신의 이야기를 수정 혹은 철회하든가, 그 직위를 그만두지 않으면 안 된다. 교직원의 임면, 교과목의 취사선택, 교과서 선정, 학생의 입학과 퇴학, 일상생활의 자잘한 규칙, 모두 교장 한 사람의 판단과 책임으로 처리된다.

그 책무의 중요성이라는 측면에서 극히 엄중한 인선이 행해지기 때문에 대체적으로 이 자리에 임명된 사람 중에는 걸출한 인물들이 많다. 따라서 이러한 강력한 권한을 가진 교장에 대해서도 독단 전횡의 비난을 듣는 경우는 극히 드물다. 그들이 제도상 규정은 차치하고 실제 운영에서는 관계자들의 견해를 경청하고 그 의지를 존중하는 아량을 가졌기 때문일 것이다. 하지만 최후의 결단이 교장에게 달려 있고 그 한 사람의 책임하에 결정되는 것은 분명하다. 퍼블릭 스쿨을 움직이는 것은 단적으로 말해 독재자에 의한 선정善政이다.

표면적 형태는 어쨌든 간에 실질적으로는 독재자의 선정에 의해 운영되고 있는 경향은 영국 사회의 모든 부문을 통해 엿볼 수 있는 가장 두드러진 특징이다. 수상과 다른 각료가 어떠한 관계에 있는가는 로이드 조지나 처칠 등의 회상록이 명확히 나타내고 있다. 성격차도 있어서 볼드윈, 체임벌린, 맥도널드MacDonald의 경우에는 이 정도로 전제專制가 노골적이지 않았다 해도 만사가 각료의 다수결에 의해서만 결정되었던 것이 아니라는 것은 분명하다. 정당의 수령과 졸개, 군의 사령관과 장병, 고위 성직자와 일반 목사, 모두 대부분 이런 관계에 있다.

노동조합 같은 조직에서도 그 지도자가 독재적 권력을 휘두르는 경우가 많다. 애틀리Attlee 내각의 외무장관 어니스트 베빈Ernest Bevin의 강력한 발언권은 그 개인의 역량은 물론이지만 동시에 그가 주재하는 항만노동자조합 세력이 크게 작용하고 있다. 게다가 조합 자체에 대해서는 그가 군림하고 있다고 해도 무방하다. 또한 추밀원의장 허버트 모리슨Herbert Morrison의 런던 시 정계에서 차지하는 지위도 형식이야 어떻든 실제로는 보스 유형이라고 할 수 있다. 퍼블릭 스쿨의 교장과 교원만이 이런 관계의 예외에 있다고 상상할 이유는 조금도 없는 것이다.

이러한 권력을 부여받고 있는 교장은 동시에 어떠한 책임을 지고 있으며 실제로 어떻게 이것을 해내고 있을까. 우선 교장이 대외적으로 그 학교를 대표하는 것은 당연하지만 우수한 퍼블릭 스쿨 교장의 사회적 지위는 상상외로 높다. 특히 개인적으로 각별한 성원을 받을 경우 교명이 아니라 그 교장의 이름이 먼저 나오는 학교의 예도 드물지 않다. 리스는 종종 '비시카 박사의 학교'라고 불리는데 이것은 교육가로서의 그의 명성을 나타내는 것이라고 말할 수 있다.

교장은 개개의 학생이 학교생활에 매진할 수 있도록 심신 모두 항상 최선의 상태를 유지하는 것에 대해 개인적 책임을 지고 있다. 당연히 전교생의 이름과 용모를 빠짐없이 파악하고 있으며 그 성격이나 경력, 체질, 학업성적과 운동성적, 가정환경, 장래희망 등에 대해 모조리 알고 있지 않으면 안 된다. 이 지식을 바탕으로 그는 자신에게 맡겨진 소재에 형태를 부여하고 영혼을 불어넣어 세상에 내보내는 소상가塑像家(조각이나 주물의 원형을 만드는 사람-역자 주)의 역할에 최선을 다하는 것이다. 학부모는 수시로 아무런 예고 없이 교장을 방문하는데, 담임을 부르거나 참고서류를 꺼낼 것도 없이 바로 그 자리에서 자제의 생활, 학업, 건강에 관한 상세한 근황을 알 수 있는 것이 보통이다.

교정에서 지나쳤던 교장선생님께서 안색이 좋지 않은 것을 지적하시며 그 이유를 물으신 적이 있었다. 그날 아침 고향에서 온 편지에 어머니의 입원 수술 소식이 적혀 있었던 것이다. 그러자 어머니가 완전히 쾌유하여 퇴원 소식을 보내올 때까지 매일 아침 교장선생님과 사모님의 위문격려가 이어졌다. 게다가 그 후 7년이 지나 부모님이 리스로 교장선생님을 방문했을 때 우선 어머니에게 수술 후의 경과를 물으셨다. 이런 예는 한두 가지가 아니다.

적어도 한 학기에 두 번은 자제의 업적에 대한 상세하고 적절한 평가가 교장의 자필에 의해 모든 학부모에게 전달된다. 그러한 자료들이 모두 교내에서 학생들과 일상적 접촉을 함으로써 얻어진 바를 기초로 하고 있음은 물론이다. 학기 중 학생들은 수명씩 차례대로 교장선생님 사택에서의 식사나 다과회에 초대된다. 반드시 사모님이나 가족도 자리를 함께하며 졸업생이나 그 외의 여러 사람들이 함께하는 경우도 드물지 않았다. 일본에서 귀국한 선교사가 일본 사정에 대한 교장선생님의 박식함에 놀라자 일본인 학생을 맡고 있기 때문에 수박겉핥기 식으로 배웠다고 겸손하게 웃으시는 것을 들은 적이 있다. 그의 책상에는 항상 일본에 관한 네다섯 권의 참고 서적이 놓여 있었다. 각별한 노력이 엿보이는 대목이다.

퍼블릭 스쿨의 교장은 옥스퍼드 혹은 케임브리지 대학 졸업생으로 인품, 학업, 운동 등에 걸쳐 모두 우수한 사람 중, 특히 건강, 종파, 집안, 재산, 통솔력의 유무 등을 고려하여 선출된다고 일컬어진다. 이른바 명문가 출신이 많고 동시에 성직에 있는 사람이 적지 않다. 일반 교원은 비교적 박봉이지만 교장에게는 그 중책을 완벽히 수행하기에 충분한 대우가 제공되며 또한 다소의 개인적 재산을 가진 것이 그 자격의 하나로 여겨지고 있다.

비교적 젊은 나이에 취임하여 특별한 사정이 없다면 평생 이 지위에서 움직이지 않기 때문에 재직 기간이 30년, 40년인 사람도 결코 드물지 않다. 같은 학교 일반 교원에서 발탁되는 예는 거의 없고 다른 학교에서 전근을 왔다는 이야기도 들어본 적이 없다. 당시 밀 힐 스쿨Mill Hill School에 28세의 교장이 취임했는데 그는 졸업 후 몇 년도 채 지나지 않았는데 모교에서 은사를 통솔하는 직책을 부여받았다는 말이 된다. 하지만 이러한 예는 결코 드물지 않으며 동시에 훌륭하게 해내는 경우가 많다. 성공할 공산이 많아 보이는 능력 있는 인물이 뽑히기 때문이겠지만 이에 잘 복종하고 협력해서 그 성공을 가능하게 만드는 일반 교원의 아량은 칭찬할 만하다. 이러한 사정은 소장파 각료와 정무관과 사무관료, 젊은 중역과 일반 사원 사이, 혹은 학교를 나온 청년사관생과 고참 하사관, 새로운 지주와 대대로 살아온 차지인借地人 등이 대체로 원활한 관계를 유지하고 있다는 실상과 일맥상통한다. 그리고 이것은 실력 없는 인물이 특수 사정에 의해 요직에 천거되며, 일신의 이해득실을 계산하여 앞에서만 굽실거리는 무리가 이에 영합하는, 나쁜 의미에서의 봉건제도와는 전혀 성질을 달리하고 있다. 왜냐하면 이럴 경우 인재의 선발이 적합한지의 여부가 문제이며 연령의 많고 적음에 문제의 중점이 놓여 있지 않기 때문이다. 이 양자를 결코 혼동해서는 안 된다.

이처럼 한 학교의 운명이 교장이 어떤 인물인가에 따라 결정적으로 좌우될 경우, 그 제도에 부수되는 여러 가지 결점을 지적하는 것은 어렵지 않다. 럭비 스쿨의 아놀드처럼 빛나는 치적을 올린 반면 엄청난 실패를 한 예도 적지 않을 것이다. 교원 채용에 있어서 학교의 특수 관계나 교장의 출신 관계로 자연히 옥스퍼드 혹은 케임브리지 중 어딘가에 치우치는 경우가 있는 것은 어쩔 수 없는 일일지도 모른다. 하지만 채용되는 교원의 인물 성향 표준이 교장의 개인적 취향에 지나치게 편중되면 그 폐해가 적지 않다. 마찬가지로 교과목 편성에 임해서도 교장의 판단은 매우 중요하다. 과도한 고전 존중이나 과학 계통의 안배에서 인문과 자연의 중점을 어디에 두어야 할지 적절치 못한 경우도 있을 수 있다. 어쨌든 교장이 어떤 판단을 내리느냐에 따라 어느 정도 문제를 예방할 수 있고 또한 실제로 그렇게 되고 있는데, 그렇지 않은 경우도 전혀 없다고는 할 수 없다.

나아가 변변치 못한 교장은 교원이나 학생들에 대한 대처에 지나치게 관용적이고 엄격함을 잃어버리는 경우가 있다. 인심을 얻기 위해 영합 정책을 취하는 경우도 있다. 그 결과 교내에서 통솔자로서의 그의 입장은 완전히 궤도를 벗어나 규율은 흔들리고 완력에 의한 약자 압박이 행해지며 경기는 단순한 승패의 투쟁으로 전락한다. 즉 퍼블릭 스쿨이 의거하고 있는 명분이 모두 사라지는 것이다.

그 지위에 적합한 사람을 골라 이 제도가 최대한의 효과를 거둔 예로서 리스의 경우를 들 수 있다. 당시 교장이 어떤 인물이며 교원들과 학생들 간에 어떠한 신망을 얻고 있었는지를 말해주는 일화는 너무나 많아 어떤 것을 먼저 말해야 할지 망설여질 정도다. 만약 이 세상에 신에 가까운 인간이 있다면 그것은 우리 교장선생님이지 않을까, 라는 말을 했던 학생이 있었다. 자리를 함께했던 몇 명의 동료들은 그저 묵묵히 고개를 숙인 채 한동안 입을 여는 자가 없었다. 14, 5세 소년의 입에서 이런 말이 나오도록 한 그 인격이 절로 상상이 될 것이다.

학년 말이라 할 수 있는 여름휴가 직전, 퍼블릭 스쿨 생활에서 가장 즐거운 스피치 데이 행사가 열린다. 학교 관계자, 졸업생, 학생 가족 등 다수가 모여 3일간에 걸쳐 특별 예배, 강연, 연극, 음악회, 운동경기 등이 개최되는데 그 마지막 날 스피치 데이라는 이름이 생긴 연유인 가장 중요한 의식이 있다.

1922년에는 현 국왕(당시의 제2왕자 요크 공)과 밸푸어Balfour 경이 정빈正賓으로 학교에 오셨다. 지방의 일개 중등학교 연중행사에 이런 저명인이 일부러 참석하는 예 하나만 보더라도 영국 사회에서 퍼블릭 스쿨이 어떠한 존재인지 그 중요성을 엿볼 수 있다. 나아가 밸푸어 같은 정계의 대 원로가 미리 스스로 준비한 자료를 들고 약 1시간에 걸친 철학 강연을 했다는 사실도 주목할 만하다. 매년 초대된 정빈의 초상을 대강당에 내걸면서 기념하고 있는데 1897년 ~1906년에는 일본공사 하야시 다다오林董男가 초청되었다.

이날 밤에는 1년에 딱 한 번 열리는 만찬이 있고 이어 음악회가 개최되는데, 이로써 모교를 떠나는 사람도 많고 다음 날은 휴가라 고향에 돌아간다는 기대감도 있어서, 리스의 학교생활의 클라이맥스라고 할 만하다. 음악회가 끝나는 것은 12시에 가깝다. 끝나면 교사와 전교생은 일제히 교정에 나와 잔디를 사이에 두고 좌우의 손을 교차하여 제각기 옆에 있는 사람들의 손을 잡고 커다란 원을 만든다. 모든 등불이 꺼지고 잔디밭에 대형 모닥불이 피어오르기 시작한다. 예복을 입은 학생들의 하얀 옷깃에 불길이 반사되

어 붉은 빛이 감돈다. 이 학교에 오랫동안 전해져 내려오는 '카 예
티'라는 제목의 그리스어 대합창에 이어 '올드 랭 사인'을 부른다.
화톳불 옆 어둠 속에 교장선생님과 사모님이 서 있다. 수석 선도
부가 그 앞으로 가까이 달려가 갑자기 목소리를 높여 교장선생님
의 이름을 부르고 만세 삼창을 제안한다. 심야에 주위 숲에까지
메아리치는 '만세, 만세, 만세'의 환성, 그 감동을 어떤 말로 표현
할 수 있을까. 두 분의 은사에 대한 200여 명의 감사가 이 세 마
디에 나타나고 있다고 말할 수밖에 없다.

소년들이여, 고맙다, 모두의 행복을 기도드린다, 교장선생님과
사모님은 사택으로 향해 돌아가신다. 모두들 미동도 하지 않고 그
자리에 우뚝 선 채 전교생이 그 뒷모습을 눈으로 배웅하고 있다.

이것은 학교에 따라 공식적으로 제정된 의식은 아니다. 언제쯤
부터인가 시작되어 그대로 매년 계속되고 있는 하나의 관습에 지
나지 않는다. 하지만 딱히 졸업식이라 할 만한 것이 없는 이 학교
에서는 이것을 졸업식이라 부를 수 있을지도 모른다. 한밤중에 단
10분간, 간결하지만 소년의 가슴 속에는 잊지 못할 강한 인상을
주는 행사다. 온정과 감사와 엄숙함과 그리고 적당한 감상感傷. 졸
업식은 그것으로 충분하지 않을까.

(3) 하우스 마스터와 교원

하우스 마스터란 다수의 교원 가운데 특별히 뽑혀 각 기숙사 하
우스에 전속되어 학생들과 기거를 함께하며 그 훈육을 담당할 책
임을 가진 교원을 말한다. 각 기숙사 하우스에는 정부正副의 하우

스 마스터가 두 사람씩 있다. 요컨대 교장이 전교생에 대해서 행하는 바를 하우스 마스터는 그 기숙사 하우스에 기숙하는 학생들에게 행하는 것이다. 따라서 하우스 마스터의 인품이 그대로 해당 기숙사 하우스의 기풍에 반영된다고 해도 무방하다. 교실에서 수업을 하고 운동장에서 경기를 함께 하며 스스로의 전공 학문 연구를 계속하면서 동시에 사회인으로서의 생활도 있는데, 그런 상태에서 40명이나 되는 학생들의 심신의 훈육을 담당한다는 것은 결코 쉬운 일이라고는 할 수 없다.

교장이 생각하는 교육정신을 잘 체현하고 이것을 올바르게 학생들에게 전달하며 학생 개개와 전반적인 사조思潮 경향을 잘 파악해서 교장과 소통하는 것도 그의 중요한 책무다. 하우스 마스터는 퍼블릭 스쿨의 최대 특징인 기숙사 하우스 생활의 중심에 있으며 때로는 가정을 떠나 있는 40명 학생들의 부모 역할을 대신하지 않으면 안 된다. 학습 방법, 건강상의 유의, 운동 기술의 구체적 내용, 장래 진로 방침 등, 모든 상담이 그에게 집중된다. 학생에 대한 진정한 애정을 가지고 있지 않은 인간은 단 하루도 해낼 수 없는 일이다.

독일 프랑크푸르트 시의 경찰견을 훈련하는 전문기사의 이야기를 들었던 적이 있다. 기분이 좋지 않거나 뭔가 걱정거리가 있는 날에는 훈련에 임하지 않기로 하고 있다는 것이다. 그럴 때는 어찌하다 보면 훈련 중 이쪽이 정말로 화를 내버리는 경우가 있다. 훈련 과정에서는 개를 야단칠 필요가 있고 채찍을 쓰거나 때에 따라서는 발로 차지 않으면 안 될 경우마저 있다. 그러나 단 한 번이라도 이쪽이 정말로 화를 내버리면 그것으로 그 개의 훈련은 끝이다. 개가 이쪽을 경멸하기 때문이다. 경멸하는 인간이 시키는 훈련 따위 개조차 받아들이지 않는다.

3년 가까운 독일 유학에서 둔재가 배울 수 있었던 것이라고 한다면 이 한 가지밖에 없다. 그리고 20년 가깝게 교단에 서 있으면서 지금도 이런 당연한 이치가 몸에 배지 않는 것이다. 학생 제군을 개 취급하는 것으로 오해될 것 같아 너무 미안하지만 조심을 하겠다는 생각인데도 별 것 아닌 일로 화를 내버린다. 이쪽이 성을 내 버리고 나중에 후회하지만, 결국 또다시 그것을 반복하는 것이다.

지금 돌이켜 생각해보면 퍼블릭 스쿨의 하우스 마스터의 인내에는 감탄할 수밖에 없다. 그들 중에는 리스의 졸업생도 있지만 타교 출신도 있다. 예외 없이 모두 우등생으로 그 대부분은 운동선수 경험을 가지고 있다. 대학을 나오면 즉시 부임해 와서 거의 이것을 평생의 일로 삼으며 다른 직장으로 옮기지 않는다. 동시에 리스에서도 수년 동안 1명의 사망자, 2명의 명예퇴직자가 보충되었을 뿐, 창립 50년의 학교에서 창립식을 기억하고 있는 교사가 3명이나 남아 있었다. 제임스 힐턴James Hilton의 작품 중 수년 전 영미권에서 베스트셀러로 꼽히며 연극이나 영화로 만들어져 큰 반향을 일으켰던 작품에 『굿바이 미스터 칩스Goodbye Mr. Chips』라는 제목의 소설이 있다. 작가는 리스의 졸업생으로 그 노교사를 모델로 삼고 있다. 하우스 마스터와 학생 상호의 심적 관계를 다루고 있는데 이런 일들을 하며 한평생을 마치는 인간의 감개를 감상주의로 빠지지 않는 선에서 적절한 우수 속에 그려내고 있는 수작이다.

하지만 이런 노련한 교사 중에는 정신 훈육에는 적임자가 많지만 학교 수업에는 그다지 맞지 않은 사람이 생긴다. 체력적으로 연구 의욕이 감퇴한 결과 강의 내용이 위축되고 침체되어버리기 때문이다. 당사자가 자발적으로 물러서는 것이 가장 무난한 해결 방법인데 불행하게도 인간은 좀처럼 자신이 얼마나 늙었는지 얼마나 보잘 것 없는지 알아차리지 못한다. 만약 교직원 회의가 있다 해도 이런 경우 큰 도움이 되지 않을 것이다. 내일의 나의 모습이라는 생각이 앞서기 때문이다. 결국 학교의 이익이라는 견지에서 교장의 '비로드로 싼 철의 손'이 움직이는 것이 바람직하다. 정년제라는 것도 고려되는데 교사라는 직업에는 그 공평한 적용이 곤란한 경우가 많다. 두뇌 회전, 연구 의욕 등은 개인에 따라 그 정도가 현저히 다르기 때문에 일률적으로 정년이라는 틀에 맞추어 대처하는 것은 당사자는 물론 학교에게도 불이익일 경우가 많기 때문이다. 공평한 판단과 이에 근거하여 행동할 신념을 가진 교장의 선처에 의거하는 것이 현명할 것이다. 일정한 틀에 의해서만 사물을 제어하거나 다수결로만 시시비비를 결정하는 것이 최근 각 방면에서 유행하고 있다. 삼각자와 주판만으로 진정한 민주주의가 달성될 수 있을지 의문스럽다.

열 사람이면 열 사람 다 제각기 다르기 때문에 한마디로 영국 학교교사의 특징을 단정 짓는 것은 위험하다. 그러나 그들이 청소년에게 가르치는 것들 중 특히 우리에게 강한 인상을 남기는 것은 요컨대, 정직하라, 옳고 그름을 적확하게 할 수 있는 용기를 가지고 약자를 괴롭히지 말라, 타인에 의해 자유를 침해당하는 것을 싫어하는 것과 마찬가지로 타인의 자유를 침범하지 말라, 이러한 것들이라고 생각한다. 그리고 그들은 얼굴을 마주하고 정면으로 훈계를 하는 것을 피하고 뭔가 적절한 때를 잘 선택하여 우화적·

골계적으로 학생들에게 자신이 말하고자 하는 바를 스스로 터득하게 만드는 경향이 있다. 상대방에게 변명의 여지가 있다면 충분히 말하게 하고 만일 자신의 과오에 대해 스스로 알아차리면 깨끗하게 그것을 인정하고 사과하며 이를 철회할 만큼의 아량도 갖추고 있다.

종종 인용했던 예이긴 한데 피아노에 능숙하지만 수학을 잘 못하는 학생에게 피아노 연습 시간을 조금 할애해서 수학 공부에 할당하도록 꾸지람을 한 수학교사가 있었다. 13, 4세 정도 되는 학생이었던 것 같은데 이에 답하는 학생의 늠름한 풍모가 떠오른다. "수학 공부가 부족하다고 말씀하시는 것이라면 수학교사로서 지당하신 말씀으로 삼가 받아들이겠다. 그러나 피아노가 정당한 과목으로 허락되고 있는 상황이며 내가 수학시간에 피아노를 치는 따위의 부적절한 행동을 하지 않는 한, 나의 피아노 연습은 피아노교사와 나에게만 관계되는 문제이며 적어도 수학교사인 당신이 관여할 바가 아니다. 나는 이치에 어긋난 지도를 받을 생각은 없으며 쓸데없는 간섭은 폐가 된다고 생각하므로 앞으로 삼가주시길 바라고 싶다."

교사가 즉시 사과해서 상황이 정리되었지만 상대방을 두려워하지 않고 믿는 바를 기탄없이 말하는 소년의 태도하며, 체면을 고려하지 않고 잘못을 순순히 인정하는 교사의 남자다움하며, 영국학교가 가진 분위기의 특징을 잘 알 수 있다고 생각된다. 조금 비꼬아 생각하면 소년이 굳이 이러한 태도를 취할 수 있었던 것은 교사가 만약 스스로의 과오를 알아차린다면 분명 이런 태도를 취할 것임을 미리 알고 있었기 때문이며 항의하는 것에 의해 어떠한 의미에서도 자신이 불이익을 당할 일이 없다는 것을 알고 있었기 때문이라고도 말할 수 있다.

즉 그러한 분위기 속에서 자란 그 소년은 자신이 뭔가 특별한 행동을 취했다고는 생각하지 않았을 것이다. 그 증거로 이 사건은 그 누구의 주의도 끄는 일 없이 전혀 화제에 오르지 않은 채 끝나버렸기 때문이다. 단지 그와는 반대의 분위기에서 자랐던 동양의 한 유학생의 머릿속에서만 그 사건이 깊은 인상을 남기면서 4반세기가 지나도 여전히 잊을 수 없다는 것일 뿐이다.

우연히 최근 어떤 교육자들이 모인 자리에서 이 이야기를 꺼낸 적이 있다. 그리고 소년의 주장에 대해 다 말하자마자 놀랍게도 그 자리에 폭소가 터졌다. 이것은 실로 의외였는데 동시에 영국과 일본에서 학교를 지배하는 분위기가 이처럼 현저한 차이를 보인다는 사실에 큰 충격을 받았다. 과연 이 소년은 일본의 선생님들이 생각하시는 것처럼 그렇게 돈키호테 같은 엉뚱한 학생일까. 이 소년이 말하고자 하는 바는 견해의 차이로 반추할 수도 있을 것이고 혹은 묵살해도 좋을 것이다. 단 하나 확실한 점은 이것에 대해 웃거나 조롱하거나 하는 것은 불가능하다는 것이다. 소년에게 이러한 의견을 말하게 하는 것이 이 소년에게 있어서 얼마나 소중한 의미를 가지고 있는가를 이해한다면 결단코 웃을 수 없었을 것이다. 만약 웃을 수 있었다면 그것은 소년의 심리를 이해할 수 없는──요컨대 자유를 침범당해도 침범당했다는 것을 알아차리지 못하거나 알아차려도 눈물을 삼켜가며 참아버리는 비굴함이 몸에 들러붙어 있는 인간이라고 할 수밖에 없다.

수많은 리스의 교사들 중에는 교장선생님과 함께 도저히 잊을 수 없는 선생님이 한 분 계시다. 배에서 내려 그대로 입학한, 앞뒤 분간도 못하는 일본의 중학생을 맡은 교장선생님은 어떻게든 3년 동안 대학 시험을 통과할 정도의 힘을 주입해주어야 했고, 그 책임을 그 사람에게 의탁했다. 하얀색 입술에 불그스름한 짙은 갈색 머리카락을 반으로 갈라 빗질을 해서 어딘가 나폴레옹의 초상화와 비슷한 얼굴을 하고 있던 L이라는 영문학 선생님이었다.

정규 교과과정에는 전부 출석할 것, 오후 운동에는 반드시 참가할 것, 자습시간과 저녁의 자유시간에는 L선생님의 특별수업을 받을 것, 그리고 저녁 8시 점호가 끝나면 L선생님 자택에서 특별수업을 계속할 것, 그런 일과가 정해져 그날부터 L선생님과의 공부가 시작되었다.

영국의 3월은 아직 한겨울이었다. 하루 일과가 끝나고 다른 학생들이 침실로 갈 때 외투의 깃을 세우고 공복에 떨며 겨울바람이 부는 가운데 자전거로 20분은 걸리는 교외의 선생님 댁을 방문한다. L과 R의 구별, 그리고 W음의 교정, 욕실에서 거울을 가지고 오거나 전등 아래서 입을 벌리게 해서 그 두터운 손가락을 입에 집어넣고 혀를 비틀거나 구부리거나, WOLF, WOLF라고 몇십 번을 반복시키고 마음에 들지 않으면 의자에서 벌떡 일어서 그런 늑대가 뭐가 무섭냐며 소리 지르시는 모습은, 거의 울부짖음에 가까웠다.

신문에 자주 광고로 나오는 '눈물 없이 어학에 능통해지는 법'이라든가 '안락의자에 기대어 배울 수 있는 외국어 교수법', 그런 것들이 세상에 있다고 생각했다면 가당찮은 마음가짐이야. 어학은 어지간히 노력해서는 되지 않는 법이지. 새빨간 불 속에 쑤셔 넣었다가 철판 위에 올려놓고 철 망치로 마구 다스려야 하지. 강하게 내려친다. 불꽃이 튀긴다. 촤악 하고 물을 끼얹는다. 다시 때린다. 때리고 때리고 또 때린다. 2, 3년 만에 잊어버릴 생각이라면 달리 방법이 있을지도 모르지. 그러나 정말로 그 언어를 몸에 습득할 거라면 지옥 불로 내려치지 않으면 안 되는 것이란다.

그리고 다시 처음부터 L과 R, 늑대, 늑대, 늑대였다. 이것이 11시까지 계속된다. 사모님이 차를 가지고 들어온다. 어떠하냐, 괴롭지? 건강은 어떠하냐, 집에서 서신은 오더냐? 친구는 생겼느냐? 그리고 어느새 교실에 계시던 조용한 선생님으로 돌아와 있다.

옛날 내가 프랑스어를 배웠던 선생님이 딱 이랬단다. 화를 내고 소리쳤지. 입을 벌리고 혀를 잡아당겼어. 처음에는 미친 사람인가 싶었고 그 다음에는 악마라고 생각했지. 다음에 또 손가락을 집어넣으면 물어서 잘라버릴 테야. 그런 생각을 도대체 몇 번이나 했는지 모르겠어. 자네 역시 그렇게 생각하고 있을 테지. 그러나 전쟁 때문에 프랑스에 직접 가보고서야 비로소 그 악마의 진정한 친절을 깨우쳤단다. 재미삼아 그런 미치광이 흉내를 내는 사람이 어디 있겠냐고. 자, 늦었다. 서둘러 돌아가렴.

현관 앞에 서서 선반에서 사과를 집어 들고는 '하루 한 개 사과는 의사를 내쫓는다.' 꼭 그런 혼잣말을 하면서 상의로 싹싹 비벼 윤기를 잘 내고 나서 이쪽으로 던져준다. 받는다. 잘 자렴, 도중에 정신 차리고, 늑대가 나오니까, 늑대, 늑대, 그리고 문이 탁 하고 닫힌다.

늑대는 나오지 않았지만 강에 빠진 적이 있었다. 식물원 뒤편의 완전히 컴컴한 길이었는데, 아차 하는 순간 자전거가 비틀어지기 시작해서 가슴팍까지 물에 잠겼다. 물 위로 기어올라 별빛으로 자전거와 책을 찾아보았지만 바퀴가 비틀어져 자전거는 움직이지 않았다. 한쪽 신발은 어디 있는지 모르겠고 오른쪽 무릎에는 전혀 감각이 없었다. 학교까지 아직 1킬로미터 이상 남았다. 자전거를 질질 끌면서 걷기 시작했다.

선생님 댁으로 가는 편이 가깝다는 사실을 떠올리고 뒤로 돌아간다. 이렇게 늦은 시간에 문을 두드린다면……, 생각을 고쳐먹고 다시금 학교 쪽으로 돌아선다. 추위와 두려움으로 부들부들 떨면서 큰 소리로 고함치듯 노래를 부르며 걸었던 것을 확실히 기억하고 있다.

감당할 수 없는 엄청난 잘못을 저질러 면목이 없는 기분이 들었다. 타고나길 이렇게 매사 서툴고 어린 시절부터 뭐 하나 만족스럽게 해낸 게 없다. 야구도 그랬고 수영도 마찬가지였으며 자전거에서 떨어진 것도 이번이 결코 처음은 아니었다. 무능하기 때문에 그 누구에게도 도움이 되지 못하며 다른 사람들에게 폐만 끼치면서 비참하게 실패로 끝날 인생, 그 망령이 아직 스무 살도 채 되지 않은 지금, 벌써 눈앞에 어른거리고 있는 게 아닐까. 그런 생각이 막연히 머릿속을 스쳐 지나갔다. 문을 열고 놀라서 어안이

벙벙해 있는 학교 인부의 옆을 지나쳐 침실로 뛰어 올라가 새카만 어둠 속에서 수건으로 몸을 닦고 침대로 숨어들어 갔다.

그 수건에 파래 김 같은 물이끼가 잔뜩 달라붙어 있었기 때문에 결국 꼬리가 잡혀 다음 날 아침 하우스 마스터가 그 까닭을 물었다. 부주의하게 강에 빠진 일과 하우스 마스터의 지도를 받아 부상 조치를 받는 등 당연히 해야 할 처리를 게을리했다는 이유로 세 개의 'Y'의 벌이 부여되었다. 그 다음 날 밤, 다시 L선생님 자택을 방문했다.

누구든 실수는 한다. 그것을 탓하는 게 아니다. 문제는 실수를 한 후 어떻게 했는가, 이다. 추운 날씨에 물에 빠졌다면 한시라도 빨리 옷을 벗고 몸을 말려야 한다. 폐렴에 걸릴 수도 있고 당사자에게는 자각이 없더라도 부상을 당했을 경우도 있다. 어찌하여 거기에서 좀 더 가까운 우리 집에 돌아오지 않았느냐? 자고 있다고 생각해서? 당연하지. 물론 자고 있다. 자고 있었다면 깨워야지. 벨이 있잖아. 밖에서 소리를 질러. 뜨거운 물을 데우고, 마른 잠옷 한 벌쯤은 있으니까. 흠뻑 젖은 채 그 먼 길을 걸어 그대로 침대에 들어가는 녀석이 어디 있단 말이냐. 도중에 쓰러진다면 그대로 얼어 죽는 거다. 설령 얼어 죽더라도 그건 네 자유다. 네 자유지만 나중에 교장선생님이 네 집에 뭐라고 전보를 친단 말이냐. 전보를 받은 네 부모님은 뭐라고 생각하시겠느냐.

나만 죽어버린다면 그 다음은 어찌 되도 상관없다고, 혹여 그렇게 생각한다면 그것도 좋을 것이다. 이러나 이 지도를 보거라. 너는 이 섬에서 이렇게 지구를 한참이나 돌아 이 섬으로 온 것이지 않느냐? 그 먼 곳에서 이런 곳까지 도대체 무얼 하러 왔느냐. 강에 빠져 죽으러 왔느냐? 어? 예스냐 노냐? 너는 공부를 하러 온 것이지 않느냐? 그 공부는 이제 막 시작한 게 아니냐? 이제부터이지 않느냐 말이다. 강에 빠지고 싶으면 공부가 끝난 다음에 해라. 결코 늦지 않을 것이다. 공부가 끝난 다음이라면 얼마든지 빠져도 좋을 것이다. 영국에는 뛰어들어가기 딱 좋은 강이 얼마든지 있다.

지금은 공부만 하면 된다. 다른 일들은 모두 잊어버려라. 강에 빠져 죽다니, 그런 사치스런 몸이 아니다. 하나도 공부, 둘도 공부다. 알았느냐?

그리고 그날은 특히 정성껏 혀를 비트셨던 것 같다. 그러나 귀가 시간에 문 앞에 선 채 사과에 윤을 내며 조용한 목소리로 말했다.

도중에 늑대와 강을 조심해라. 그리고……, 개라는 녀석들은 잘 싸우거든. 물렸다간 상처를 입어. 잡종견이라면 꼬리를 양 다리 사이로 끼우고 엄청나게 짖어댄다. 강에 빠졌습니다, 아파요, 아파, 빨리 의사선생님을 불러주세요, 라고 말이지. 좋은 출신의 개는 울지 않아. 조용히 자기 상처를 핥고 있지. 굿나잇.

실은 울고 싶어도 영어로 어찌 울어야 할지 그 방법을 몰랐던 잡종견은 그런 말은 입 밖에도 내지 못한 채 어눌한 몸놀림으로

페달을 밝기 시작했다.

L선생님은 그런 분이셨다. 잊을 수 없다.

(4) 교과과정

전반적인 경향을 말하면 창립된 지 오래된 학교가 비교적 고전을 중시하고 새로운 학교가 자연과학에 힘을 쏟는데, 전체적인 경향으로는 종래의 고전 편중 풍조가 점차 바뀌고 있는 와중이라고 해도 무방할 것이다. 그러나 이 경향은 퍼블릭 스쿨에만 보이는 것이 아니며 또한 자주적으로 발생된 것이라고도 할 수 없다. 오히려 영국 교육계 전반에 걸쳐 보이는 경향이며 일부 퍼블릭 스쿨은 오히려 소극적으로 이를 추종하고 있는 것에 지나지 않을 것이다.

먼저 양 대학의 입학시험과목 개정이 행해질 때 그리스어가 필수과목에서 제외되었는데 오랜 기간 그 단행이 저지되어왔던 까닭은 주로 교회 세력을 배경으로 한 측의 반대가 강했기 때문이라고 일컬어진다. 영국 교육계에서 차지하는 국교파 교회 세력은 여전히 견고하며 특히 퍼블릭 스쿨이 그 주요한 거점이 되고 있다. 교원 중에도 성직에 있는 사람들이 적지 않으며 특히 유력한 학교 교장들 중 성직자가 많다. 성직자이긴 해도 반드시 보수주의자라고는 단정 지을 수 없어서 최근의 버밍엄 고위 성직자나 캔터베리 감독처럼 공산주의적 경향을 가진 극단적인 예까지는 아니더라도 개개인에 대해 생각해보면 진보적·이상주의적 색채가 농후한 성직자 교원은 결코 드물지 않다. 그러나 개념적으로 말하면 그들에게는 역시 보수 사상이 강하며 그중 일부는 더더욱 완고하고 인습에 젖은 풍조가 뿌리 깊다는 점을 부정할 수 없다. 양 대학 입학 시험에서 그리스어 필수 폐지가 기정사실이 되고서야 비로소 퍼블릭 스쿨의 교과과정 재편성이 착수된 사실에서 그런 일례를 발견할 수 있다.

현재 학급은 Ⅲ, Ⅳ₂, Ⅳ₁, Ⅴ₂, Ⅴ₁, Ⅵ의 여섯 학급form으로 구별되는데, 왜 Ⅰ에서 시작되지 않고, 혹은 Ⅳ와 Ⅴ만은 두 개로 구별하는지, 그 이유는 명확하지 않다. 아마도 이 나라의 수많은 사물의 예에서 살펴볼 수 있는 것처럼 '이치에 맞지 않는 이치'가 있는지도 모른다. 일본의 영어 상식에 의하면 교장, 교사, 학급은 제각각 'principal', 'teacher', 'class'인데 이것은 관공립 학교에서 통용되는 것일 뿐, 퍼블릭 스쿨에서는 'headmaster', 'master', 'form'이라는 단어일 경우가 많다. 학교 자체를 나타내는 단어도 'college', 'school'이 있고 이튼은 칼리지이며 해로는 스쿨이다. 그 사이에 단계적 구별은 없다. University College School이라는 이름의 학교도 있는데 이런 학교명은 직역하면 참으로 곤란할 것이다.

일본의 제도와 가장 큰 차이는 학급의 차이가 학생의 연령과는 아무런 관련도 없다는 점이다. 앞서 언급한 바와 같이 프렙 스쿨의 졸업 연령이 일정하지 않기 때문에 자연히 이에 따라 퍼블릭 스쿨의 입학 연령도 제각각이며, 심지어 입학 후에도 수시로 시험에 의해 학력이 판정되어 연령과는 무관하게 실력으로만 소속 학급이 결정된다. 또한 학급 승진은 반드시 순서를 밟지 않고 2단계를 특진하는 경우도 있으며 실력 부족 때문에 반대로 낙제를 당하는 예도 있다. 성적이 특히 우수한, 또는 뒤처지는 과목이 있을 경우 그 과목만 다른 학급에 속하는 경우도 드물지 않다. 제 V_2 학급 학생이 역사와 지리는 제 IV_1 학급, 라틴어는 우수하기 때문에 제 VI 학급에 편입되는 예가 바로 그것이다. 획일적 형식에 얽매이지 않고 어디까지나 실제에 중점을 둔다. 따라서 하나의 교실에 13, 4세부터 17, 8세까지의 학생이 다양하게 섞여 있으며 수재에게 둔재가 배움을 청하는 풍경도 볼 수 있다. 극단적인 예로 봄과 가을 모두 합쳐 여섯 번의 계절 동안 끝까지 전 과목을 제 III 학급에서 미동도 하지 않고 듣다가 규정 연령에 달했기 때문에 어쩔 수 없이 유유자적한 학창 시절을 마친 자가 있었다. 단 한 번 역사 과목에서만 진급했지만 다음 학기에 곧바로 원래 학급으로 돌아가, 그 딱 한 번의 일이 '옥에 티'였다고 술회했다는 것이다.

제 IV_2 학급 이상은 고전과와 자연과학과로 크게 나뉘는데 그 교과과정 과목의 차이는 극히 미미한 수준이다. 라틴어, 그리스어와 물리, 화학, 수학 시간의 수가 다소 증감되는 정도다. 한 교실 학생 수는 5, 6명에서 15, 6명까지다. 200여 명의 학생 총수에 대해 10여 명의 교원이 필요한 까닭이다. 당연히 교사들은 학생 개개인에 대해 모든 것을 알고 있기 때문에 그에 따라 적절한 지도를 행하고 동시에 결점을 보완할 수 있다.

그 수업도 강의만 하는 것이 아니라 학생들끼리 상호 토론을 시키고 그동안 교사가 올바른 결론을 이끌어내는 점에 중점을 두고 있다. 프랑스 혁명은 이러한 원인에 의해 이러 이러한 과정을 거쳐 이런 결과로 끝났다고 가르치지 않는다. 우선 당시의 정치나 사회 정세를 터득시킨다. 그리고 그 후 이런 정세에서 어떠한 사태가 일어날 수 있는지, 혁명은 과연 필연적이었는지, 이것을 방지할 방법은 있었는지, 있었다면 방지하는 것이 바람직했었는지, 그 이유를 각 항목별로 학생들끼리 토론시킨다. 그리고 그 과정이 학생들의 성적에 반영되고 시험은 이를 결정하기 위한 참고자료에 지나지 않는다. 이러한 토론도 반드시 의회 관습에 따라 행해지며 종종 학생 중 한 사람이 교단에 올라가 의장이 되고 교사는 학생석에 내려와 스스로 토론에 참가하는 경우도 있다. 그 과정이 맞고 안 맞고를 떠나, 어떠한 테마에 대해서도 반드시 명확한 자기 의견을 가지고 있는 영국인의 성향은 이러한 훈련에 힘입은 바가 크다고 생각된다.

제Ⅵ 학급은 '교장이 직접 이끄는 학급'이라고도 불리며 어느 과목인가에서 반드시 교장의 지도를 직접 받게 되어 있다. 그 학교의 우열을 알기 위해서는 제Ⅵ 학급의 상태를 조사하면 된다고 일컬어지는데 사실 교장은 제Ⅵ 학급 교실에서 스스로 옳다고 믿는 교육을 실제로 행할 기회를 가지며 이것이 학생에게 주는 감화는 크다고 하지 않을 수 없다.

리스의 교장선생님은 신학을 전공한 학자였는데, 학창 시절에 수없이 많이 들었던 여러 강의들의 대부분을 잊어버린 지금, 여전히 강하게 마음에 남아 있는 것은 그의 강의의 단편이며 그것을 통해 엿보이는, 성실 그 자체라고도 말할 수 있는 그의 인격이다. 'IN FIDE FIDUCIA(라틴어, '믿음과 진실 안에서for in Faith, Trust'-역자 주)'라는 학교 표어는 그대로 교장선생님의 인격이 되어 나타나며 제Ⅵ 학급 학생은 일주일에 3시간, 모교의 표어가 무엇을 의미하는지를 명심하며 이를 체득하는 시간을 가졌다. 시간표에는 신학이라고 되어 있었지만 그것은 결코 단순한 그리스도 교의에 대한 설교가 아니었다. 논제를 구하는 범위는 매우 광범위해서 정치나 외교에 관한 시사문제, 독서 중 얻었던 감상, 교내에서 일어난 사건, 신문 사회면에 나온 시정의 소소한 일 등 매우 다양했다. 어떻게 보고 무엇을 생각할지, 인생이란 무엇이며 인간은 어떻게 이에 대처해야 할지, 학생들과 논할 교재는 무궁무진했다.

시간의 4분의 1 정도를 남기고 그는 반드시 그 질문에 대해 학생들 자신의 의견을 물었다. 일본에 있는 학교에서 이러한 수업을 한다면 교실은 갑자기 썰렁해지며 학생들은 오로지 교사의 시선으로부터 벗어나려고 애쓰기 마련이다. 선생이 지명을 해도 의견이 없거나 핵심을 집지 못하는 의견이 많다. 어떻게든 빨리 바꾸고 싶은 것들 중 하나다.

과목에 따라 약간 다르지만 시험은 상당히 자주 치러진다. 5계급의 점수와 상세한 평가가 성적표에 기입되는데 석차라는 것은 전혀 없다. 주목할 점은 그들 시험에 부정행위가 전혀 없다는 엄연한 사실이다. 시험의 부정행위라는 것은 일본만큼 보편적이지는 않은데 훗날 독일 대학에서 두세 번 그런 예를 목격했고 프랑스 학생 사이에도 이런 풍조가 있다는 것을 들은 적이 있다. 이탈리아에서는 매우 빈번히 일어나며 미국에서도 전혀 없지 않다는 것이 미국의 어느 교육자의 저서에 명기되어 있다. 그러나 영국의 퍼블릭 스쿨에는 부정행위가 없다. 또한 실제로 케임브리지 대학 입학시험의 경우 수백 명의 응시생이 한꺼번에 착석하여 시험에 임하는데, 혹시 질문하는 사람이 있을 경우 대답해주기 위해 온직원 한 사람이 교단에서 조용히 자신의 독서에 빠져 있을 뿐, 어떤 감독도 없이 행해지고 있는 것이 사실이다. 영국만이 다른 나라와 다른 것은 어떠한 이유에서일까.

교과과정에 대한 성적의 우열이 중요시되고 있지 않기 때문이라는 설이 있다. 분명 크리켓 시합에서 최고점을 얻은 자는 학생들 간의 영웅이지만 전 과목에서 최고점을 받은 자가 숭배의 대상이 된다고는 단정 지을 수 없다. 스피치 데이 시상식에서는 이 두 사람이 나란히 수상을 하지만 박수나 환호성에서 제각기 크고 작은 차이가 있다. 하지만 그들 역시 학생이기 때문에 학업 성적에 전혀 무관심할 수는 없다. 성적표를 노려보며 희비가 교차하는 모습은 일본이나 여타 나라의 학생들과 전혀 다를 바가 없다.

또한 제도의 차이를 운운하는 사람도 있다. 석차가 없기 때문에 다른 학생들과의 우열이 확실치 않다. 과목에 따라 서로 다른 움직임이 있거나 진급이 빈번히 발생하기 때문에 낙제가 눈에 띄지 않고 따라서 낙제에 대한 공포심이 약하다고 한다. 자연히 학업상 경쟁심이 생기지 않고 부정수단을 쓰면서까지 성적을 올릴 필요가 없다는 설이다. 나아가 입학시험의 경우 수용률이 높기 때문에 1, 2년을 다툴 필요가 없고 합격할 때까지 현재 다니던 학교에 재학하면서 공부를 계속하면 된다. 즉 수험전쟁 때문에 재수생으로 전락될 우려가 없다는 것을 원인으로 들고 있는 사람들도 있다.

또한 리스의 일과표를 일람하면 자습은 규정 시간에 일제히 행해질 뿐 설령 시험기간이 닥쳐와도 한 사람만 빠져나가 공부할 수 없다는 것을 알 수 있다. 유난히 타인의 행위에 대해 신경을 쓰는 성미를 지닌 사람이라도 운동경기를 하면서 동료가 시험공부를 할까 봐 전전긍긍할 필요가 없을 것이다. 따라서 시험공부에 대한 우울함도 없고 그것에 의해 성적에 큰 차이도 없는 것이 그들의 학교생활을 명랑하게 만든다. 또한 부정행위가 악이라는 것을 알면서도 그것이 횡행하는 분위기로 인해 자기 혼자만 신념을 고수하다가는 불이익을 당할지도 모른다는 생각에 빠져 마침내 대세에 동조하기에 이르는, 즉 부정행위란 환경의 영향에 의한 것이라는 설도 있다. 이 설에 의하면 영국 학생들은 다른 학생이 부정행위를 범하지 않기 때문에 이것을 범할 필요가 없는 것이다.

여러 설들 모두 수긍하기 어려운 설이라고 단언할 수는 없겠지만, 요컨대 영국 학생들이 부정행위를 하지 않는 것은 그들이 가지고 있는 본질적인 정직함에 의한 것이라고 봐야 하지 않을까 싶다. 우수한 성적은 바라는 바이지만 그를 위해 자신의 양심까지 희생하는 것을 떳떳치 못하다고 생각하는 그들의 강한 정의감으로 결론을 내려도 무방하지 않을까. 타인의 선행의 동기를 가늠해서 운운하는 것은 쉬운 일이지만 이것에 따라 자신의 행동을 바르게 하는 것은 쉽지 않다. 적어도 타인의 선행을 있는 그대로 받아들여야 할 것이다. 시험장에서의 그들의 정직함은 경제적 곤경 때문에 금지된 행위를 하는 것을 배격하는 정직함과 일맥상통한다. 다른 국민들의 정직함을 따로 내세워 말하기 전에 우리들은 우리들 주위를 살펴봐야 할 것이다.

이러한 진급제도가 있기 때문에 졸업하기 위해 반드시 제VI 학급의 전 과목을 1년간 이수할 필요는 없다. 대학 입학시험은 1년에 네 번에 걸쳐 몇 과목씩 분할해서 시험을 치를 것이 허락되는데 만약 실패한 과목이 있으면 3개월 후 다시금 시험을 보면 된다. 천천히 2년 정도에 걸쳐 전 과목을 합격하고 시간이 남으면 독일, 프랑스, 스위스 부근에서 어학공부를 하면서 놀다 오는 학생들도 있다. 만약 도저히 합격하지 못하면 학문에는 소질이 없다고 포기하고 그대로 사회로 나가는 사람도 적지 않다. 생활에 여유가 있다는 것도 원인 중 하나겠지만 어쨌든 1년에 딱 한 번뿐인 시험에 모든 것을 걸고 만약 뜻을 이루지 못하면 자칫 목숨마저 내던질 수 있는, 그런 극단적인 비참함은 없다. 시험이라는 것을 학교생활에 동반되는 '까다롭지만 필요한 일'로 생각하고 그에 상응해서 시험의 중요성이 다른 일들과 잘 균형을 이루는 형태로 처리되고 있다. 요컨대 시험이 학교생활을 지배하게 만드는 우를 범하지 않는다.

교과과정은 아니지만 2주일에 한 번, 밤에 2시간 정도 토론회가 있다. 이것도 물론 의회 관습에 따라 운용되는데, 중요한 점은 토론 기술에 달려 있으며 그 주장이 맞고 안 맞고는 대단한 문제가 아니다. 언젠가 '우리 의회는 지구가 둥글다는 가설을 부정한다'라는 동의動議가 가결된 적이 있다. 그러나 이것은 찬성 의견 설명자의 토론 기술, 특히 그 유머가 표를 모았던 것이지 청중의 과반수가 지구가 사각형이라고 믿었던 것은 아니었다.

수년 전 옥스퍼드대학에서 '우리 의회는 국왕과 국가에게 충성을 맹세할 것을 거절한다'는 제안이 가결되어 외신에 의해 세계의 이목이 집중된 적이 있었다. 일본의 신문 등도 즉시 이것을 다뤘다. 영국에서 그런 풍조가 일어났다니, 아주 잘 된 일이라며 적의 약점을 간파한 것처럼 엄청 기뻐했다. 그런 시절이었다. 독일에서는 히틀러가 당시 주 베를린 영국대사 헨더슨Hendersond에게 이에 대해 비꼬는 말을 한 적도 있다. 최근 간행된 처칠 회상록에는 당시 이러한 학생들의 언어유희가 영국 사정에 밝지 않은 외국인들에게 오해를 살지도 모른다고 우려했는데 역시 실제로 그것은 기우로 끝나지 않았다고 서술하고 있다. 그러나 처칠 자신이 이 언어유희의 제1인자였으며 정무를 보다 여가시간을 쪼개어 옥스퍼드나 케임브리지로 달려가 학생들을 상대로 독설을 날리며 즐겼기 때문에 학생들을 질책할 자격은 별로 없을 터이다.

매번 미국에게 주도권을 빼앗기고 특히 제2차 세계대전 후 그다지 기세가 오르지 않는 그들은 미국에 대해서 뭔가 죄가 되지는 않을 정도의 비아냥을 쏟아내며 울분을 토하고 있다. 최근 케임브리지대학에서는 '우리 의회의 소견에 의하면 콜럼부스의 신대륙 발견은 지나친 행동이다'라고 의결하고 있다. 이 사실을 가지고 영국과 미국의 관계가 소원해졌다는 둥, 하는 것은 당치 않다. 이 경우 찬성 의견의 승리는 토론자 중 한 사람의 발언, 즉 '미국으로 온 최초의 이주자들은 메이플라워호에서 플리머스 바위 위에 상륙했다고 하는데 플리머스의 바위야말로 그들의 머리 위로 떨어져야 했다'는 변변치 않은 말장난이 많은 사람들을 제압했던 것에 의한 결과이기 때문이다.

그러나 토론 태도가 결코 진지하지 않은 것은 아니다. 어디까지나 상대방의 입장을 존중하면서 부드럽게 자기 논지를 전개해가는 경향이 있다. 그리고 상대방의 논법을 역으로 이용하거나 때로는 청중의 비판 소리도 그대로 토론에 집어넣거나 하며 유머를 잃지 않는 여유가 있다. 최근 일본에서도 여러 가지 토론이 행해지면서 라디오 등을 통해 들을 기회가 많은데 독단적인 주장을 단정적으로 강요하거나 미리 마음속으로 준비해온 단어 하나하나, 구 하나하나를 그대로 날카로운 군대 어조로 함부로 지껄이는 자가 많은 것은 좀 어떨까 싶다. 야만스러운 고성이 반드시 논지를 강하게 하는 것이라고는 단정 지을 수 없으며, 경묘한 기지를 진지하지 않은 것으로 혼동해서도 안 된다고 생각한다.

퍼블릭 스쿨의 중요 과목 중 하나에 일주일에 두 번 군복 차림으로 총을 들고 하는 군사교련이 있다. 강제적이지는 않지만 이 사관훈련군단에서 과정이수 검정증을 받아두면 어느 날 아침 변이 생겼을 때 즉시 무시험으로 사관으로 등용되는 특권이 있다. 때문에 거의 대부분의 학생들이 예외 없이 수업에 들어간다. 따라서 그 훈련도 세세한 기술보다도 사관으로서의 마음가짐, 군의 운용 통솔 등에 중점을 둔다. 일부 학교 졸업생에게 이러한 특권을 부여하는 것은 논란의 여지가 있을 것이다. 또한 일주일에 두 번의 훈련으로 충분한 사관 양성이 가능할까 싶은 점에도 의문이 있다.

그러나 제1차 세계대전의 경험은 완전히 이 제도의 성공을 증명했다고 일컬어진다. 일반 직업군인과 비교해서 기술적인 측면에서도 크게 손색이 없었고 군대 통솔이라는 측면에서는 오히려 탁월했다고 하는데, 그들이 성공했던 주요한 원인은 무엇일까. 언제나 그들은 신뢰할 수 있는 고참 하사관에게 자잘한 일들을 위임하고, 자신들은 사기 진작을 위해 전념하는 경향이 있었다고 한다. 진격 나팔소리에 병사들의 선두에 서서 참호를 뛰어나오며, 포화가 그치고 적과 아군 중간의 경계 부근에 사상병이 누워 있으면 아군 진지에서 홀로 뛰쳐나와 이를 어깨에 끌어안고 돌아오는 것은 항상 그들, 경험 없는 백면서생의 부대장들이었다. 축구공을 차올리며 모교 경기장에서 포워드 무리를 지휘했던 것과 마찬가지로 '진격'이라 외치고 공 뒤를 따라 적진으로 뛰어 들어갔던 것도 바로 그들이었다. 이와 같은 일이 스포츠를 좋아하는 영국 병사들을 얼마나 고무했을지는 상상하기 어렵지 않다. 직업군인의 그것과 비교해서 그들이 사상할 비율이 훨씬 높았다는 사실은, 자신들이 받았던 특권에 따라 자신들이 지불해야 할 의무 역시 자각했던 그들의 마음가짐을 말해주고 있다. '노블레스 오블리주.' 빙긋 웃으며 그들은 이 한마디를 말했을 것이다.

군사평론가 리들 하트Liddell Hart는 그들이 '관대하지만 부하들에게 틈을 주지 않는' 지휘관이었다고 하는데 그 완급의 자세는 그들의 모교 경기장에서 자연스럽게 터득했을 것이다. 방임에 의해 일시적인 인기를 모으는 것은 쉽지만 그것은 결코 진심으로 따른다고는 할 수 없다. 그리고 경기장에서 지도자에 대해 진심으로 믿고 따르지 않으면 팀의 기량을 충분히 발휘할 수 없는 것처럼, 전장 역시 마찬가지다. 말로만 하는 호령이나 자기 몸만 사리는 상관의 전투는 결코 부하의 마음을 얻을 수 없다. 지도자로서의 기대에 부응하기 위해서는 스스로 선두에 서서 적진으로 향해 들어가지 않으면 안 된다. 몇백 년간에 걸쳐 대대로 퍼블릭 스쿨의 교정에서 행해져 왔던 경기에 의해 그들은 이런 요령을 몸으로 터득하고 있다. 앞서 언급한 바 있는 '워털루의 승리는 전장에서 얻어진 것이 아니라 이튼 교정에서 얻어진 것'이라는 웰링턴 장군의 말에서 이튼이 꼭 이튼 교정만을 가리키고 있는 게 아니라는 것은 명백하다.

퍼블릭 스쿨 제도에 대해 무조건적인 예찬만을 늘어놓고자 했던 것은 아니다. 이것이 청소년의 의지 계발에 도움이 되는 제도라는 것은 의심할 여지가 없지만 그 반면 그들의 지적 생활을 발전시킬 수 있는 여러 가지 것들에 대한 비중은 너무나 적다. 인격의 완전한 발달을 위해서는 철학과 역사 연구의 필요성이 강조되어야 한다. 정신생활에서 무엇이 영원한 것인지, 무엇이 과도적인 것인지를 식별하기 위해, 여러 민족의 문화적 흥망성쇠의 자취를 알아두지 않으면 안 된다. 하지만 종래 퍼블릭 스쿨에서는 구습에 빠진 고전교육으로 그 일부를 대행해 왔던 경향이 없지는 않을까. 20세기에 들어와 일부 식자들 사이에서 독일 고등학교 등에서 보이는, 반드시 고전에만 얽매이지는 않은 인문주의 정신의 도입이 제창되고 있는데, 그 장단점은 과연 무엇일까. 여러 문제들이 상기될 것이다.

또한 퍼블릭 스쿨이 현실적으로 일부 특권 계급 자제의 교육기관이라는 점을 생각해보면 교육의 기회균등 원칙과 서로 양립될 수 없는 비민주적 시설이라고 간주될지도 모른다. 그러나 이러한 시설에는 엄청난 비용이 필요하다. 때문에 이것을 이용하는 사람이 수업료 등의 제약에 의해 경제적으로 여유가 있는 일부 자제에 국한된다는 것은 현재의 상황에서 아마도 어쩔 수 없는 점이라고 하지 않을 수 없다. 이상적이라 한다면 이러한 장해가 제거되는 것이 바람직할 것이다. 그러나 오페라, 가부키 등의 감상이 일부 계급에만 한정되어 있는 것처럼 현실적으로 그러한 이상이 당장 실현되기는 쉽지 않을 것이다.

(5) 운동경기

영국인이 즐겨 입에 담는 단어 중에 'loyalty'가 있다. 원래는

'충의忠義'이며 '군주와 그 가족에 대한 열렬한 헌신, 봉사'를 의미하는 단어인데 현재는 더더욱 넓게 '충실', '충성'의 뜻으로 사용되고 있다. 그 대상도 현재는 군주와 그 가족에 국한되지 않고 자신이 속한 국가, 가족, 종교, 친구, 단체, 학교, 자신이 받들고 있는 신념, 주의주장, 약속 등 그 범위가 매우 넓다. 즉 군주 앞에서 전사하는 것이 충성 표현의 일례일 수 있지만 결코 이 행위만이 충성의 모든 것은 아니다.

대상의 이익을 위해 최대한 봉사를 다하고 혹여 그 봉사에 부족함이 없도록 최선의 노력을 다하는 정신이 충성이다. 따라서 전시에 행하는 국왕과 국가를 위한 충성은 어떠한 봉사가 행해졌는가에 의해 결정된다. 그 노력 과정에서 봉사자가 생명을 잃었는지에 의해서만 충성을 가늠하지는 않는다. 물론 실제로 목숨까지 바쳤다면 숭고한 희생으로 높게 평가되겠지만 죽음이 충성을 보이는 절대조건이라고는 생각되지 않는다.

국왕에 대해서도 국기나 국가國歌와 마찬가지로 국가의 존엄을 상징하는 것으로 간주하며 영국인들은 열렬한 충성심을 가지고 있다. 영국에서는 극장영화관에서 영화를 상영할 때 반드시 국가國歌가 연주되는 가운데 국왕 초상에 대한 기립 경례로 끝난다. 미국에서도 국기, 국가에 대해 정중한 자세로 경례하는 관습이 있는데, 그들은 국왕, 국기, 국가에 의해 상징되는, 그들이 속한 국가의 존엄성에 대해 경례하고 그 행위를 통해 깊은 충성심을 표현하고 있는 것이다. 국가의 상징을 존경할 수 없는 사람이 그 실체인 국가에 대해 충성심을 가질 수 있을 리 없고 국가에 대한 충성심을 가질 수 없는 인간은 인격파탄자로 생각해도 무방하다.

영국인들과 함께 생활하면 그들의 충성심이 얼마나 강렬한 것인지 짐작할 수 있는 기회가 많다. 기숙사 침실에 장식되어 있는 친구의 가족사진 옆에서 담소를 나누고 있던 학생이 문득 아무 생각도 없이 그 친구 어머니 얼굴이 당시 평판이 높았던 희극여배우와 비슷하다고 말했던 적이 있다. 딱히 조롱할 마음도 없이 그저 언뜻 스친 생각을 입 밖으로 꺼낸 것에 지나지 않았는데 그 말을 들은 학생은 얼굴색이 확 바뀌더니 친구에게 덤벼들었다. 그 학교에 3년간 있으면서 학생들끼리 완력으로 다투는 싸움을 본 것은 그게 처음이자 마지막이었다. 어머니의 얼굴에 대한 비판은 어머니 면전에서 행해져야 하며 변명의 기회를 가질 수 없는 것을 비판하는 것은 불공평하다. 육친이 불공평하게 취급되는 것을 묵시하는 것은 육친에 대한 충성심의 배반이기 때문에 결코 용서할 수 없다는 이유였다. 엄청나게 작은 일 같지만 이것은 결코 작은 일이 아니다. 육친에 대한 충성심을 유야무야로 끝내는 인간이라면 국가에 대한 충성심도 소홀히 하고 나아가 자신의 양심을 속이는 일도 가능할 것이기 때문이다.

그 충성심을 함양할 수단을 그들은 운동경기에서 찾고 있다. 개인적인 이해, 육체의 고통을 희생하며 자신이 속한 팀 전체의 이익에 봉사하는 것이 운동경기의 진정한 정신이라고 생각하고 있기 때문이다.

운동경기가 영국인들의 생활과 도저히 끊을 수 없는 깊은 관계에 있다는 것은 널리 알려진 사실이다. 프랑스, 독일, 이탈리아 등에서는 사회인들이 운동경기에 흥미를 가지며 학생들은 그 정도까지는 아니다. 일본에서는 최근 사회인들이 야구 등 스포츠에 진출하는 분위기가 두드러지는데 운동경기 전반에서 보자면 여전히 대부분 학생들의 영역이라 할 수 있다. 저널리즘의 영향도 있어서 후루하시 히로노신古橋廣之進(전후 세계 신기록 달성과 세계선수권 대회에서의 우승으로 허탈감에 빠져있던 일본인들에게 희망과 위안의 메시지를 전한 전설적인 수영선수—역자 주)의 기록 등에는 비상한 관심이 집중되고 있는데, 사회인 중에서 자신이 직접 어떤 형태로든 운동을 하고 있는 자는 의외로 적은 것이 실상이다. 설비나 기구가 잘 갖추어져 있지 않은 탓도 있겠지만 사계절 내내 규칙적으로 운동을 계속하는 것은 학생들 중에서도 그 수가 실로 적다고 할 수 있다.

학생, 사회인을 통틀어 운동을 왕성히 하는 곳이 바로 영국이다. 자신의 신장과 비슷한 정도의 크리켓 배트를 휘두르고 있는 3, 4세의 아이부터 구부러진 허리를 무리하게 펴서 그린에서 볼링을 즐기고 있는 노인까지, 그들만큼 온갖 종류의 운동경기를 즐기는 국민도 없을 것이다. 일요일 아침 조간 스포츠란을 펼치면 사람들은 우선 경기종목이 많다는 점에 놀랄 것이다. 한겨울 내내 항상 30여 종의 경기들에 대한 상세한 기록이 보고되는데 거의 전부가 영국에서 생겨났고 영국에서 발달한 스포츠라는 점이 주목된다.

그중에서 그들이 진심으로 애호하는 것은 단체경기며 개인경기에는 그 정도까지 관심을 보이지는 않는다. 운동경기의 목적이 꼭 개인의 육체 단련이라고는 생각하고 있지 않기 때문이다. 프랑스 등 대륙 여러 나라에서 성행하는 자전거 경주, 펜싱, 권투, 육상경기 등이 비교적 활발하지 않고 수영, 맨손체조는 일부 학교에서 행해지는 이외에는 전혀 고려되지 않는다는 사실이 그런 상황의 일부를 말해주고 있다. 배낭을 메고 노래를 부르면서 무리를 이루어 산 넘고 물을 건너는 독일인들의 취미를 도저히 영국인들은 이해하기 어렵다. 개인적으로 하이킹이나 등산은 하지만 이것도 일부 소수의 즐거움에 지나지 않는다. 눈이 적기 때문에 동계 스포츠는 국외로 나가지 않으면 안 되며 스케이트도 얼음이 어는 것 자체가 일 년에 두세 번밖에 안 되기 때문에 이 역시 대단치 않다.

올림픽 경기에 대해서도 일반인들은 일본의 절반 정도의 열의 조차 가지고 있지 않으며 신문에서도 기껏해야 2단 정도의 스페이스밖에는 할애하지 않는다. 일찍이 일부 일본인한테서 찾아볼 수 있었던 지나친 올림픽 열기도 반성되어야 하지 않을까. 현지에서는 선수와 재류동포가 이기면 울고 지면 또 울고, 고국에서는 라디오와 뉴스로 아나운서가 환호성을 지르고 청중들이 소리치고, 마치 국가의 존망을 온통 그 경기에 걸었던 것 같은 추태를 보인다. 이런 모습은 결국 일본인들이 가진 열등의식에 의한 것이며 사물의 중요성을 정당하게 식별할 수 있는 힘이 부족하다는 것을 나타낼 뿐이다.

스포츠는 어디까지나 스포츠로서 즐겨야 하며 왜곡된 국가의식을 무리하게 연결시켜서 잘못된 국가 관념의 고양 수단으로 이용하는 것은 정도가 아니다. 엄청나게 잘못된 일이다. 한편 다음 번 올림픽 참가는 일본이 국제사회에 복귀하는 데 좋은 기회일 거라는 어리석은 논조를 귀에 접하는데, 정치와 스포츠를 혼동하는 것은 피해야만 한다. 현실 정치는 그리 호락호락하지 않다.

하지만 영국인들이 올림픽 경기에 대해 냉담한 태도를 보이는 것도 약간 도가 지나치다고 생각된다. 경기 종목에 그들이 평소 그다지 관심을 두지 않는 개인 경기가 많은 것이 이유일 것이다.

개인경기라도 테니스, 골프 등과 같이 그들이 좋아하는 것도 있지만 일반적인 국민들이 진심으로 열광하는 것은 뭐니 뭐니 해도 축구, 크리켓, 하키 등 단체경기다. 특히 학교에서는 이러한 경기들이 청소년들을 위해, 일정한 목적을 위해 심신을 집중하는 훈련 수단으로서 극히 중요한 역할을 점하고 있다. 그들은 단체경기를 통해 공동체 안에서, 전체의 이익을 위해 자아를 희생하고, 이겨도 교만하지 않고 져도 결코 주눅 들지 않으며, 적을 존중하고, 혹시라도 부당한 사정에 의해 얻었던 유리한 입장에 서서 승패를 겨루는 것을 떳떳하다고 보지 않는, 이른바 '스포츠맨십'을 습득하기 마련이라고 생각한다.

단체경기에서는 그 팀을 구성하는 일원이 어디까지나 팀 전체의 이해관계를 고려해 행동해야 하며 각 개인의 성패成敗는 고려되지 않는다. 그 승패에 걸린 명예는 그들을 대표하는 단체, 즉 클럽, 학교, 마을, 지방행정단체, 국가 등의 명예이며, 한 사람의 스미스, 한 사람의 제임스의 영욕은 중요하지 않다. 애당초 심신이 미숙한 청소년들이 전체의 이익에 봉사하기 위해 온전히 자기를 말살하는 것은 쉽지 않은 일이다. 바로 이 점에서 충성심이 필요시되며 반대로 운동경기가 충성심 육성에 도움이 될 것이라고 파악되는 까닭이다.

이러한 조직 아래에서는 당연히 그 지도자의 능력이 절대적인 영향을 끼친다. 일정한 범위 안에서 최선의 소재를 고르고, 개개인의 능력에 따라 적당한 자리에 배치시키며, 스스로의 통솔력으로 현 상황에서 최대의 역량을 발휘할 수 있게 하는 것, 이것이 바로 지도자로서의 주장의 책무다. 주장이 될 만한 소질의 유무는 이미 학교 경기장에서 명확히 나타나는 경우가 많다. 그 소질이 풍부한 사람은 주장으로서 거의 독재에 가까운 권력을 부여받고 여기서 바야흐로 천부적 재능을 연마할 기회를 얻는다.

주목할 점은 그런 능력을 가지고 태어나지 않은 사람이 스스로의 자질을 명확히 인식하고, 가장 적합하다고 믿는 자리에 만족해하며, 전체의 이익에 봉사할 것을 기쁨으로 삼고, 결코 조금의 불만도 없이 지도자의 명령에 복종한다는 것이다. 경기 단체가 완전한 조직으로서 기능을 발휘하기 위해서는 지도자와 피지도자가 확연히 구별되고 상호간에 긴밀한 협력을 필요로 하는 것이 자명한 이치다. 질서 있는 사회의 운영 역시 마찬가지라고 그들은 생각한다. 만인이 지도자가 될 수 없다면 그 사이에 명확한 선을 긋고, 상호 협력의 효과를 최대한 끌어올리기 위한 수단의 하나로서 전자에 대한 후자의 복종이 요구되는 것은 당연하다. 지도자가 적절한 지시나 명령을 전달하는 것은 횡포와는 다르며, 피지도자가 기꺼이 이에 복종하는 것은 결코 맹목적 봉건사상이라 할 수 없을 것이다.

청운의 뜻은 크면 클수록 좋을지도 모른다. 그러나 자제의 소질이나 능력을 살펴보지 않고 무조건 '장관이 되어라', '대장이 되어라'고 재촉하는 것은 그들에게 과중한 부담을 주고 헛되이 그 정신을 위축시키는 것에 지나지 않는다. 어떤 이는 부담을 도저히 견디다 못해 시험에서 부정 수단을 사용하기에 이를 것이며, 어떤 이는 학문 습득의 의욕 자체를 잃어버릴 것이다. 그리고 대다수는 자신의 능력을 정확하게 평가하는 식견을 잃고, 또는 윗사람에게 복종하는 겸손의 정신을 잃기에 이른다── 일본의 과거에는 이것이 최대 화근이었다.

자신에게 부여된 지위에서 스스로 최선을 다하는 것에 만족하고, 반드시 그 지위가 높아지길 바라지는 않는 영국인의 착실한 기풍은 어린 시절부터 운동경기를 통해 양성된다. '자신의 역할에 최선을 다한다'는 말이 자주 사용되는데 이것이야말로 그들이 이상적으로 생각하는 경지일 것이다. 트라팔가르 해전에 임해 넬슨 Nelson 제독이 장병들에게 원했던 것은 단지 그것뿐이었다. 결코 생명을 버리라거나 발군의 활약상을 보이라고 말하지 않았다. 장교에게는 장교로서, 병사에게는 병사로서, 제각기 맡은 임무를 충실히 수행할 것을 요구하는 것에 지나지 않는다.

'어떤' 일이 아니라 '어떻게' 일을 하는가가 문제다. 리스의 럭비 시합 후 가장 잘한 사람은 선도부의 다과회에 초대되는 관례가 있다. 쓰리쿼터좌익이 정위치인데 어떤 시합에서 운 좋게 공이 잘 전달되어 아군의 득점을 전부 혼자서 올렸던 적이 있다. 그때는 다과회에 초대받지 못했다. 그 후 다른 시합에서 처음으로 두 번 연속 방어를 실패하고 그 실책 탓인지 아군이 진 적이 있었다. 뭔가 속죄하고 싶어서 열심히 최선을 다했지만 결국 아쉽게도 경기가 끝나버렸다. 그리고 그때는 다과회에 초대되었다.

겨울 학기 구경거리 중 각 기숙사 하우스 대항 릴레이 경주가 있다. 각 기숙사 하우스에서 네 명씩 나와서 한 사람이 트랙을 일주하는 것인데 교장선생님이 기증해주신 멋진 우승 트로피가 걸려 있어서 그 연습은 2월도 되기 훨씬 이전부터 시작되는 중요한 행사로 간주되고 있었다. 그 해에는 각 기숙사 하우스의 실력이

백중세로 큰 차이가 없었고 다섯 명씩 나란히 달려 마지막 일주만 남았다. 우리 기숙사 하우스가 간발의 차이로 리드하는 상황에서 바통을 건네받았고 어떻게든 그 리드를 잃지 않으려 집중하면서 마지막 코스에 막 접어들었다. 하지만 나도 모르게 뒤를 돌아본 것이 화근이었다. 순간 몸의 균형이 깨져 비틀거리며 그대로 앞으로 고꾸라졌다. 아뿔싸 하는 순간 제법 되는 높이의 절벽 아래로 떨어져 버렸다.

일어서서 절벽을 올라가려고 했지만 발이 후들거려서 올라갈 수 없었다. 초조했다. 도저히 안 된다. 모래에 미끄러질 뿐 전혀 발을 걸칠 곳이 없다. 방법이 없어서 둑을 따라 뒤로 돌아가자 모여선 군중들의 뒤편으로 나왔다. 일단 어찌해야 할지 생각해보았지만 그대로 말없이 물러서는 것도 죄송스러워서 군중 사이를 헤치고 나와 다시 코스로 나섰다. 출발점 근처다.

나중에 들어보니 다섯이서 달리고 있었는데 어디서 어떻게 네 명이 되었는지 그 누구도 알지 못한 채, 설마 절벽으로 떨어졌다고는 생각도 못했기 때문에 일동은 여우에게 홀린 기분이 들었다는 것이다. 이쪽은 코스를 다 마치지 못했다는 책임을 느끼고 있었기 때문에 정말로 죄송스러워하며, 하지만 승부는 끝났으니 유유히, 커브에서는 특히 조심스럽게 달렸다. 모두 웃기 시작했다. 창피함을 견디기 힘들어하는 모습으로 달린다. 기록을 담당하는 교사가 메가폰을 들고 세계신기록이라고 발표했다. 다시 모두 웃는다. 그리고 결승선에 다다르자 놀랍게도 선도부가 달려 와서 '나중에 차 마시러 와'라고 말해주었던 것이다.

봄에는 크리켓, 가을에는 럭비, 겨울에는 하키, 즐거운 추억도 있는가 하면 괴로운 추억도 있다. 물론 영국에 국한되지 않고 스포츠를 즐겼던 경험을 가진 사람의 공통된 감개일 것이다.

바라보면 온통 초록색 잔디밭에 하얀 셔츠, 하얀 바지, 파란 정장 교복 자켓을 입은 몇백 명이 서로 마구 뒤섞여 크리켓 공을 따라다니고 있다. 신록이 푸르고 한가로운 어느 봄날, 어딘가에서 종달새가 지저귀고 있다.

가을이 와도 잔디밭의 초록색은 그대로다. 파란 셔츠, 파란 반바지, 드러난 무릎에 진흙이 묻어 있다. 느릅나무 사이로 돌출된 예배당 꼭대기에 어느새 빨간 노을이 비추고 있다. 하얀 골과 라인이 선명한 럭비 필드, 이것을 둘러싸고 수백 명 학생들이 말없이 눈으로만 골의 움직임을 좇고 있다. 기침 소리 하나 들리지 않는 정적 —— 때때로 심판의 호각 소리가 날카롭다. 선수들의 거친 숨결과 신발 소리. 갑자기 하얀 안개가 앞을 가린다. 아무것도 보이지 않는다. 어디에선가 수묵화에 나오는 것 같은 한 무리의 사람들이 나타나 눈앞을 스쳐 달려간다. 다시 호각 소리가 들린다. 박수갈채가 일어난다. 정적으로 돌아간다. 맞은편에서 안개가 걷힌다.

겨울 날 비가 내리는 와중의 하키는 괴롭다. 진흙, 진흙, 진흙, 머리카락 사이까지 진흙투성이다. 눈앞도 진흙, 입 안도 진흙, 완전히 벌거숭이가 된 금작나무 사이로 차가운 비가 세차게 옆쪽에서 불어오고 있다. 잔뜩 힘이 들어간 적과 아군의 스틱이 서로 부딪치며, 추위로 오그라든 손에 그 울림이 전해져 온다. 게임이 끝나도 뜨거운 물에 몸을 담글 수 없다. 차가운 물로 얼굴과 손발을 닦을 뿐. 도대체 왜 이런 곳에서 이런 것을 하지 않으면 안 될까 하는 생각이 든다. 괴로운 것은 겨울 비 오는 날의 하키였다.

리스와 몇몇 퍼블릭 스쿨과의 사이에는 모든 종목의 학교 대항전이 펼쳐진다. 응원가 합창도 없고, 물론 취주 악대나 큰 소리의 야유가 오가는 소란스러움도 없다. 깃발도 세우지 않고 테이프도 휘날리지 않으며 적막할 정도로 조용하다. 적과 아군의 멋진 기량을 마음껏 즐기며 '음…'이라는 신음소리와 일제히 보내는 박수소리. 영국인에게 있어서 스포츠는 진지하며 신성하기까지 하다. 그들의 사고에 의하면 경기의 진행과 감상을 방해하는 모든 불순물들은 당연히 배제되어야 할 것들로, 저속하다고 평가된 집단 응원 따위는 신성한 것에 대한 모독이며 애교심이라는 구실의 변태적 자기 노출 이외의 그 무엇도 아니다. 만약 그것이 순정어린 애교심에서 나온 것이라 해도, 애교심은 제각각 가슴속에 깊이 간직해야 할 것이며 다른 사람에게 과시할 만한 성질의 것은 아니다.

영국 학생들은 원래 그 누구에게도 지지 않을 정도의 애교심을 가지고 있다. 굳게 쥔 주먹의 엄지손가락 손톱이 파랗게 손바닥 깊숙이 파고들 정도로 모교의 승리를 염원하는 마음이 강하다. 단 그들이 받았던 예의범절에 대한 훈육이 이 감정을 내면 깊숙이 억누르게 하고 스포츠 그 자체를 객관적으로 감상하며 적과 아군의 입장을 초월한 박수를 보냄으로써 그 평가를 표현하라고 가르쳐준다. 그들은 하나하나 플레이의 결과보다 그 결과에 도달한 과정에 중점을 둔다. 우연한 요행에 의한 골로 아군이 승리하는 것보다 설령 결과는 실패라 해도 성실하고 꾸준한 노력을 고귀하게 생각한다. 관람석의 박수갈채를 노린 화려한 동작을 하는 사람, 자신의 공명을 위해 초조한 나머지 넘겨야 할 공을 넘기지 않는 럭비 선수, 상대를 얕잡아 보고 평소 실력대로 하지 않는 사람, 도저히 대적할 수 없다고 판단해서 미리 시합을 포기해버리는 사람, 이런 사람들을 그들은 뱀이나 전갈처럼 가장 혐오한다. 적이든 아군이든 일말의 용서도 없다.

퍼블릭 스쿨의 경기에서 심판은 절대적이다. 그 판정에 항의한다는 것은 거의 꿈에서도 생각할 수 없다. 경기를 운영하기 위해 규칙이 있고 규칙이 있으면 지켜야 한다. 그것을 보장하는 것이 심판이며 만약 그 권위를 무시한다면 경기 운영 그 자체가 불가능해질 것이 자명한 이치다. 심판이 인간인 이상 물론 오심은 피할 수 없다. 그러나 이해를 달리하는 적과 아군이 자기 주관에 근거하여 하나하나 이를 다투고만 있다면 경기 진행은 매우 어려워진다. 아군에게 불리한 오심도 있는가 하면 적에게 불리한 오심도 있을 수 있다. 따라서 하나하나에 연연하지 않고 깨끗하게 그 판정에 승복하고 원활한 게임 진행을 기대하는 것이 스포츠정신이라 할 수 있을 것이다.

이른바 '심판 신성설'이다. 메이지 시대 스포츠 수입과 동시에 일본에서도 널리 지켜지고 또한 지키기 위해 노력해왔던 일이다. 그러나 최근에는 이것을 뒤엎으려는 풍조가 생겨 역시 심판에게 복종하는 것은 '봉건적'이라 지적되고 있다. 주로 프로야구의 경우인데 심판에게 항의하는 것, 심하게는 운동장에서 상대방 선수를 구타하는 것에도 그럴듯한 이유를 들어 변명하고 있다. 그러한 행위는 당사자의 열의 때문에 나타난 것으로 본토인 미국에서도 그런 일들은 자주 일어난다는 것이 이유다. 국방색으로 허리에 큰 칼을 찬 불손한 무리들이 정부와 민간의 요인들을 살육하기 위해 돌아다닐 때 역시 국가를 걱정하는 '열의' 운운하는 단어가 그들을 제멋대로 날뛰게 했던 것이다. 그 일로부터 10년이 지났을까 지나지 않았을까. 그리 먼 과거의 일이 아니다. 본토인 미국 운운에 이르러서는 우스꽝스럽다고밖에 표현할 길이 없다. 중요한 것은 그 일 자체의 시시비비다.

퍼블릭 스쿨에 국한되지 않고 영국에서는 학생들이 학교 일에 참여하는 것은 생각도 할 수 없는 일이다. 학생자치회 같은 성질의 기관은 원래 존재하지 않고 단체교섭권을 가지고 학교당국과 대립하는 것 따위는 꿈에서도 생각할 수 없다. 교장 선임에 학생의 의지를 반영시켜야 한다는 종류의 주장이 전혀 받아들여지지 않을 것임은 너무도 확실하다. 반영되지 않을 것이라고 추측하는 이유는 실제로 일찍이 단 한 번도 그러한 제안을 들어본 적이 없기 때문이다. 따라서 이런 추측은 내일의 태양이 동쪽에서 뜰 거라는 정도의 확실성을 가지고 말할 수 있다. 그리고 이것은 영국에만 국한되지 않고 미국, 프랑스, 독일 등에도 마찬가지로 적용될 것이라고 생각한다. 소비에트에 대해서는 전혀 모른다.

학교 운영에는 참여할 수 없고, 이미 정해진 교칙에는 절대 복종이 요구되며, 종교와 운동은 강제적으로 부과되고, 외출은 거의 허락되지 않는다. 자기 자신의 시간도 없고 영화 관람의 여가도 없으며, 복장은 끊임없이 점검당하고 수염 깎기를 게을리하는 것마저 교칙 위반이며, 질적으로나 양적으로 절대적으로 부족한 식사에 만족해야 하고, 세세한 과오도 준엄한 형벌로서 다스려진다 —— 그들은 자유를 가지고 있지 않은 것일까. 그들 영국인이 말하는 자유란 어떠한 것일까.

이러한 것들 모두가 바로 자유의 전제인 규율이다. 자유와 방종의 구별은 많은 사람들이 언급하는 바이지만, 결국 이 양자를 구별하는 것은 이를 뒷받침하는 규율이 있는가 하는 점에 의한 것임이 명백하다. 사회에 나가 편안한 자유를 향유하기 이전에 그들은 우선 규율을 몸에 익히는 훈련을 해야 한다.

퍼블릭 스쿨에서도 기본적인 자유는 부여되고 있다. 올바른 주장은 항상 존중되기 때문에 부당한 박해를 받는 경우는 없다. 어떠한 이유가 있어도 완력을 쓰는 것은 허락되지 않으며, 동시에 완력이 약하기 때문에 조심해야 하고 비굴하게 혼자 눈물을 삼키는 경우도 없다. 모든 분쟁은 여론에 의해 해결되며 그 여론의 기초가 되는 것은 바로 개개인이 가지고 있는 객관적인 옳고 그름의 관념이다. 사사로운 정을 버리고 올바른 판단을 내리기 위해서는 용기가 필요하다. 불리한 판단이 내려져도 체면에 얽매이지 않고 이에 승복하는 데에는 용기가 필요하다. 자유는 규율을 동반하고, 그리고 자유를 보장하는 것이 용기라는 사실을, 그들은 알고 있다.

스포츠맨십이라는 것

기본적으로 자유를 부여받으면서도 퍼블릭 스쿨 학생들은 우선 규율을 몸에 익히기 위해 엄격한 훈련을 받는데 그 수단으로서 가장 중요시되는 것이 운동경기라는 것은 주지의 사실이다. 스포츠는 영국인들에게 신앙이라고 일컬어지는데 어떤 의미에서는 결코 과장이 아니라고 할 수 있다. 적어도 스포츠가 가진 역할을 무시한 퍼블릭 스쿨 교육의 가치는 생각할 수 없으며 스포츠가 행해지지 않는 퍼블릭 스쿨 생활이 어떠한 것인가는 상상조차 할 수 없다. 나아가 스포츠를 동반하지 않는 영국인 그 자체의 생활을 생각할 수 없다고 해도 무방하다.

영국인들의 생활에는 스포츠가 깊이 녹아들어 있다. 학생이라든가 학교를 나온 회사원이라든가 사회의 일부에 편재하는 것이 아니라 사회의 모든 계급을 통틀어 남녀노소의 구별 없이 스포츠가 그 생활을 지배하고 있다. 그들은 스포츠를 통해 인생을 보고 이를 통해 철학을 가진다.

부활제에 아이들이 좋아하는 형형색색의 달걀이 과자 가게 창문에 쭉 나열되어 있고 올해도 보트 레이스의 관람평이 신문 스포츠란을 가득 채우고 있을 무렵, 어느 날 밤 눈을 뜨니 그때까지 마구 불어오고 있던 북해의 청어 비린내 나는 동북풍이 갑자기 멈추더니, 저 멀리서 연한 녹색의 멕시코만류를 타고 온 서남풍으로 바뀐 일이 있다. 봄이 오려고 하고 있다.

희미한 오렌지색 태양빛을 받아 검게 그을려 보이던 교회 첨탑도, 조금씩 싹이 터 오른 밤나무 가로수 길도, 언덕도, 밭도, 나무도, 집도, 모두 그저 뿌옇게 안개에 싸여 있다. 굴뚝으로부터 똑바로 위로 올라가는 연기가 엷은 푸른색 하늘로 녹아들어 가고 있는 그 부근에서 크고 둥글게 솔개가 원을 그리며 날고 있다.

그러나 봄은 그대로 안착하는 것이 아니었다. 2, 3일 있으면 추운 겨울로 다시 돌아간다. 그리고 5, 6일째 따뜻한 봄날이 찾아온다. 비나 싸락눈이 내리는 등, 몇 번이고 날씨가 오락가락 하는 동안, 천식에 걸린 사람의 숨소리처럼 변화의 기간이 점점 짧아지며 마침내 사람들이 눈치채지 못한 사이에 봄만이 홀로 남겨진다.

그 몇 번인가의 발작이 끝나고 또다시 희뿌연 봄날이 찾아오는 딱 바로 그 무렵, 영국의 모든 가정의 식탁에 모습을 드러내는 것이 있다. 어린 양고기 숯불구이에 민트 소스를 곁들이며, 엄지손가락 정도의 감자에 버터를 듬뿍 바르고, 크림소스로 끓인 어린 완두콩을 함께 내놓는 요리. 그리고 진한 녹색이 선명한 굵은 아스파라거스와 산미가 나는 버터 소테의 또 다른 접시가 곁들여진다면 이것으로 이 세상에서 더 이상 바라고 싶은 것이 없어진다.

사람들은 종달새의 지저귐에서 봄의 소리를 듣고 프림로즈 primrose에서 봄의 색을 그리워한다고 한다. 이에 반대할 생각은 없다. 각각의 취향은 진정 존중되어야 할 것이다. 그러나 넓은 세상에는 한 접시의 양고기에 혼신의 정열을 바치고, 이것이 있기 때문에 봄은 즐거우며 그저 이것이 있기에 긴 겨울도 기다린 보람이 있었다고 생각하는 사람도 있다. 미나리아재비꽃이 만발한 봄날 들판에서 양들이 노니는 목가적 풍경에도 진심으로 절찬을 아끼지 않지만, 원컨대 은쟁반 위에 올려진 바로 그 양과 대면하고 싶다. '눈에는 푸른 잎, 아름다운 울음소리의 두견새, 입으로 먹으면 맛있는 첫 햇가다랭이(봄부터 초여름에 걸쳐 에도 사람들이 가장 즐겨했던 것을 하이쿠俳句로 읊은 것-역자 주)'라고 일컬어지고 있지만 그 맛은 아직 모른다. 프랑스 노르망디 어촌에서 신선한 고등어를 날 것 그대로 올리브기름과 식초에 담가 두었던 것을 먹어본 적이 있다. 하이델베르크에서 십 리 가깝게 산으로 들어가면 옛날 영주의 수렵관이 있다. 라일락꽃이 보라색으로 만발해 있는 그 정원에서 손님들에게 내놓는 요리는 반드시 두 가지, 수백 년 전부터 전해져 내려온 비법으로 만들었다는 블랙소스로 조린 사슴 고기와 팬케이크로 싼 거무스름한 아스파라거스, 술을 흘려 넣으면 상당히 좋은 반응을 보이는 사람이 많다. 그러나 수많은 봄의 먹거리 중, 결국 뭐니 뭐니 해도 영국의 양고기와 민트 소스와 어린 완두콩, 이것을 절대로 잊을 수 없다.

어떤 칼리지 홀에 조지라 불리는 연로한 급사 분이 계셨다. 체구가 땅딸막하게 살이 찌고 목이 두꺼우며, 코끝과 양 볼이 숙성된 자두처럼 어두운 보라 빛을 띠고, 연갈색의 미꾸라지 수염처럼 듬성듬성 난 콧수염을 기른 남자였다. 도대체 나이가 몇 살인지, 벌써 몇십 년이나 여기에 있는 건지, 아무도 몰랐다. 여태까지 단 한 번도 다른 사람에게 웃는 얼굴을 보인 적이 없다는데 학생들은 물론, 동료 사이에서도 그다지 이야기를 나누는 모습을 보이지 않았다. 그 남자가 일 년에 과연 몇 번이나 그러는지는 모르지만, 어쩌다가 흥이 나서 조금씩 자기 이야기를 하기 시작한 적이 있었다.

최근 4, 50년간 이 학교를 나온 사람들의 언동이나 일화에서 예를 든 이른바 인생철학이었는데, 이것은 결코 아무나 들을 수 있는 이야기가 아니며 극히 한정된 소수의 사람들에게만 허락된 특권으로 간주되고 있었다. 그리고 그 인생철학은 이 마을 일요일 아침 성당의 종소리처럼, 한번 들은 자의 가슴속에 묘하게 언제까지나 남는 것이었다.

경마를 좋아한다는 조지에 의하면 인간은 모두 선천적으로 준마인지 잡종 말인지 정해져 있다고 한다. 그 차이가 확연히 나타나는 것은 승부에서 졌을 때의 태도다. 준마는 승부에서 져도 결코 고개를 떨어뜨리지 않고 주눅이 든 모습을 보이지 않는다. 사회적 지위나 경제환경이 바뀌어도 잡종 말이 갑자기 준마로 변할 수는 없다. 하얀 고양이에게 페인트칠을 해도 얼룩고양이는 되지 않는 것이다. 자신은 잡종 말에게는 볼일이 없다. 운동장에서 보고 있노라면 실로 누가 잡종 말인지 금방 알 수 있다. 쓸데없이 귀중한 시간과 학비를 낭비하며 뭐 하러 저런 무리들이 학교에 있는 걸까.

그 조지가 이런 이야기를 했던 것을 기억하고 있다.

* * *

크리켓에서 '센추리'라고 하면 타자가 1회에 100점 혹은 그 이상의 득점을 내는 것으로 그 가치는 야구의 홈런에 해당할지도 모른다. 홈런은 한순간이면 되기 때문에 타자가 신경을 쓰는 것으로 말하자면 수 시간 걸리는 센추리 쪽이 더 괴롭다고 할 수 있을 것이다.

재학 중 20회의 센추리라는 대기록은 과거 50년 동안 이에 근접한 것이 없었고 투구 기술이 발달한 근대 크리켓에서는 그 갱신이 영원히 불가능할 것으로도 간주되어왔다.

따라서 이미 19회의 센추리를 기록하고 재학 중 마지막 시즌의 마지막 경기에 임하는 선수가 나타났을 때 그에 대한 학교 내외, 아니, 전 영국의 흥미와 기대는 보통이 아니었다. 크리켓에서는 1회의 시합에 타자가 두 번 등장한다.

첫 번째 날 그는 123점을 획득하여 이 대기록과 타이를 이루었다. 신문의 톱뉴스가 되었고 전 영국은 숨을 죽이며 다음 날을 기다렸다. 두 번째 날 오후 일찍부터 빛나는 신기록 수립의 열망 속에서 타자가 된 그는 점차 점수를 더해가며 저녁 가까운 시간에 마침내 80, 85, 90으로 점수를 올려갔다. '언제나처럼 조용하고 가볍게 배트를 쥐고 위켓의 전후좌우에 공을 흘리고……, 단, 안색이 평소와 조금 다르다……, 그 얼굴빛은 잿빛 같았다'고 한다. 어떻게든 잡으려 하는 상대방 팀은 이미 세 사람의 투수를 교체하고 전원 완전히 집중한 상태로 서 있었는데 스코어보드는 93, 95를 가리키고 마침내 99가 되었다. 마지막 순간이다. 그때까지 '바늘이 떨어지는 것도 들릴' 정도로 정적이 흐르던 관중 사이에서 아득히 발밑으로 지하철이 지나간 듯한 우렁찬 함성소리가 울려 퍼졌다.

그러자 그때까지 수비를 담당하고 있던 상대방 선수들이 누가 먼저랄 것도 없이 달리기 시작하여 파빌리언으로 들어가 버렸다. 싸움터를 포기한 것이다. 아마도 스포츠에 친숙한 사람이라면 이때 이 타자가 친 공을 잡고 아웃으로 할 수 있는 사람은 없을 것이다. 홀로 남은 투수는 하늘을 올려다보고 숨을 한 번 쉬더니 결심을 하고 운명의 공을 던졌다.

공주님처럼 부드럽고 상냥한 공이 코스의 한가운데를 순하게 흘러 왔다. 타자는 그저 배트를 내밀고 그것에 닿기만 하면 된다. 잘못해서 플라이를 쳐도 그것을 잡을 적군은 운동장에 이미 없기 때문에. 그야말로 땅 짚고 헤엄치기였다.

바로 그 순간 무슨 생각을 했는지 타자는 두세 걸음 왼쪽으로 걸어가더니 거의 공과는 1미터나 떨어진 공간을 향해 배트를 가볍게 휘둘렀다. 공은 위켓을 가볍게 쓰러뜨린다. 아웃이다. 타자는 오른손으로 모자를 벗고 가볍게 목례를 하고는 파빌리언을 향해 걷기 시작했다.

　이쯤 되자 가까스로 심판이 다시 정신을 차리고 울 것 같은 목소리로 아웃을 선언했다. 잠시 후 관중들은 비로소 일이 어떻게 된 것인지 이해했다. 망연히 바라보는 그들 사이를 오른손으로 배트를 들고 가슴을 탁 펴고 아래턱을 가지런히 목 가까이로 잡아당기며 천천히 그 남자는 걸어갔다. 한동안 박수소리가 이어진다. 우레 같은 박수갈채, 그 가운데를 천천히 걸어가는 남자는 턱을 목 가까이로 잡아당기며 늠름하게…….

　'바보 같은 녀석이야.'

　'저런 바보 같은 녀석이 있는 한 아직 우리 영국도…….'

　'과연…….'

　덥지도 않는데 황급히 줄무늬 손수건으로 눈에 흐르는 땀을 닦기 시작한 백발의 늙은 선배들은 서로를 바라보며 무릎을 쳤다고 한다.

　"타인의 호의를 몰랐던 것이 아니다. 다른 시합이라면 몰라도 그것은 나에게 있어서 일생에 단 한 번뿐인 소중한 시합이었기 때문에. ……그러기에 더더욱 스포츠맨십을 벗어난 행동은 취할 수 없었다……." 이 엄청난 준마는 나중에 그렇게 술회했다고 한다.

* * *

케임브리지 학생들은 일몰 후 외출할 때 술이 달린 사각모자와 검은 가운을 입지 않으면 안 되며, 또한 가운을 입고 담배를 피우는 것은 허락되지 않는다. 학생감Proctor이라 불리는 직원이 골목 구석구석을 순회하며 위반자가 소속된 칼리지와 성명을 적고, 다음 날 아침 그 불량 학생은 학생감실로 출두하여 담배와 커피를 얻어 마신 후 6실링 8펜스의 벌금을 봉납하도록 되어 있다.

언제 시작된 일인지, 어찌해서 이런 묘한 금액인지 아무도 모른다. '굳이 이러한 폭압·착취를 하는 봉건적 비민주적 학교당국에 대해 자유의 이름으로 단호히 그 징수의 법적 근거와 사용용도 공개를 요구한다'는 전단이 여기저기 붙은 적도 없는, 성인들만의 학교 이야기다.

사각모와 가운 차림으로 우아하게 거동하는 엄숙한 분위기의 학생감 뒤에는 통칭 '불독'이라 불리는 두 사람의 젊은 학교 인부가 놀랍게도 실크 햇을 머리에 쓰고 대기하고 있다. 만일 범인이 도망칠 기세를 보이면 이 사람들이 추적하는 방식인데, 야밤에 너무나 눈에 띄는 실크 햇 차림의 사람들이 멀리 행렬을 지어 오는 것이 보이면 담배를 피우던 사람은 재빨리 비벼 끄고, 가운이 없는 사람은 작은 골목으로 도피하는 등, 각자 적절하게 대처하는 법을 잘 알고 있다. 그러나 어쩌다 갑자기 딱 마주치는 순간도 있어서 그러다 보면 붙잡히는 사람도 있다. 재미있는 것은 그때까지다. 그 다음은 담담하게 사무적 조치가 시작된다. 가짜 이름을 대거나 거짓말로 어떻게든 벗어나려고 발버둥을 치는 사람은 없다. 딱 한 번 일본인 학생이 '도요토미 히데요시豊臣秀吉라고 했더니 그대로 통했다'며 박수를 치고 있는 것을 뜻밖의 유감으로 생각해서 다음 날 아침 학생감실로 출두하여 대신 그 벌금을 지불한 자가 있었다고 한다. 도요토미 히데요시는 틀림없이 아직 그 사실을 모르고 있을 것이다.

파리 올림픽 100미터 달리기에서 금메달을 딴 해럴드 아브라함 Harold Abrahams이 10야드 정도 도망가다 '불독'에게 붙잡힌 적이 있다. 하지만 불독 머리 위에 있던 실크 햇은 미동도 하지 않았다고 한다. '다음 해 올림픽에는 이 불독을 내보내라.' 그 다음 주 학생 잡지의 사설이다. 은밀한 형태로 몰래 돌아다니며 학생들을 잡으려고는 하지 않았던 추격자와, 발이 빠르지만 학교 인부의 체면을 세워주고자 최선을 다해서 도망가지는 않았던 범인—— 스포츠의 진정한 정신을 몸에 익혔던 인간 사이에서만 즐길 수 있는 유희일 것이다.

* * *

어느 아침 길을 가던 사람이 어떤 칼리지 예배당을 올려다보고 아연실색하여 가던 걸음을 멈췄다. 아름다운 첨탑 꼭대기에 하얀 도기로 만들어진 변기가 걸려 있다. 지상에서 몇십 미터나 높게 올라 서 있는 저 정점에 누가 어찌해서 저런 것을 올려다 놓았을까.

군중은 그것을 올려다보고 웃고 의아해하고, 어떤 사람은 신성모독이라고 분개했다. 학교 당국은 제거할 방법에 대해 자문을 구했지만 위험하다는 이유로 응하는 사람이 없었다. 반쯤 재미로 신문이 이에 대해 써대기 시작했고 마찬가지로 하원에서 긴급 질문이 이루어졌다. 게시가 나왔다.

'예배당에 신기한 장치를 올려놓은 신사에게 고한다. 당국은 귀하와 미적 감각과 유머 해석에 근소한 차이를 가지고 있으며 귀하의 학교 미화 노력에 대해서는 충분한 경의를 표하는 바이다. 단 아무리 훌륭한 유머도 시간적 한도가 있으며 이것을 넘으면 정도가 지나쳐 불쾌감을 주는 나쁜 장난으로 타락할 우려가 있다. 명배우는 무대를 떠날 때를 고려한다는 점을 기억해주길 바란다.'

그러나 사태에 아무런 변화도 없이 파란 하늘에는 여전히 하얀 점 하나. 마치 '비둘기가 앉아있는 것 같았다'고 한다.

5일째 재차 게시가 나왔다.

'오늘 밤 중으로 도기가 제거되지 않을 경우 당국은 학교 인부에게 명하여 치우도록 할 것이다. 학교 인부는 가족이 없는 사람부터 뽑히겠지만 이 높은 탑에 올라갈 기술을 가진 자가 과연 있을지 의문스럽다. 케임브리지대학이 귀하의 스포츠맨십에 호소하는 연유다.'

다음 날 아침, 탑에서 하얀 비둘기가 어딘가로 날아갔다고 한다. 그저 그뿐인 이야기다.

＊　＊　＊

스포츠맨십이란 상호의 입장을 비교해서, 뭔가의 사정으로 부당하게 얻어진 유리한 입장을 이용해 승부하는 것을 거부하는 정신, 즉 대등한 조건에서만 승부에 임하는 마음가짐을 말하는 것이다. 일생에 한 번 찾아온 기회를 99% 나의 것으로 해놓았으면서도 결연하게 기꺼이 그것을 스스로 내던져 버렸던 것도, 상대가

160

생활을 위해 학교 인부라는 일을 하고 있는 사람이라면 즉시 양보하는 것도, 요컨대 바로 이 정신이다.

물론 대상이 인간에 국한되지 않는다. 영국인이 애호하는 여우 사냥에서도 반드시 여우가 완전히 도망칠 수 있는 가능성을 열어둘 것을 전제 조건으로 하고 있다. 상대방에게도 그 방식에 따라서 이길 가능성이 있고 아군과 대등한 입장에 있을 때 비로소 스포츠는 성립하는 것이다. 거의 이길 수 있는 가능성을 스포팅 찬스sporting chance라고 하는데 이 단어가 그들의 모든 일상생활에 녹아들어가 있다는 사실을 통해 이 점에 대한 깊은 관심을 이해할수 있다. 정면으로 대항할 힘을 지니지 못한 대상에게는 칼을 들이대지 않는 것이 바로 이 정신이다. 새삼 외국어로 나타낼 것까지도 없이 일찍이 일본인인 우리들 선조들이 칼에 대해 존중해왔던 커다란 정신과 일맥상통하는 것이 있다. 결코 처음 보는 것은 아닐 터이다.

이렇게 이 스포츠맨십이라는 것은 영국인의 생활과는 끊을래야 끊을 수 없는 깊은 관계를 맺고 있다. 남녀노소 구별 없이 설령 만인이 깊이 체득하고 있다고는 할 수 없다 해도, 적어도 그것이 무엇인가를 인식하고 그것이 왜 존중되어야 하는지를 이해하고 있다. 마치 어린 양고기 숯불구이가 영국의 모든 가정 식탁에 올라가 누구든 이것을 애호하고 그 고기 향이 그들의 혈액 속에 녹아들어 있는 것과 비슷하다고 생각한다. 이른바 그들의 체취라고도 할 수 있을 것이다. 그들 안에서 생활할 때 사람들은 그 향기를 알아차리지 못할지도 모른다. 그러나 일단 그 사회를 벗어나보면 놀랍게도 그 향기가 얼마나 강렬한 것인지 알 수 있다.

'그런 것은 생각할 수 없는 일입니다만'이라고 그 연로한 급사는 말한다. '언젠가 인도가 영국에서 벗어날 때가 올 지도 모릅니다. 학생들이 그런 이야기를 하고 있었습니다. 아일랜드도 미국도 호주도. 그리고 대영 제국이 지구에서 사라질 날이 올지도 모릅니다. 설령 그런 때가 온다 해도—— 언젠가 당신도 일본으로 돌아가 그런 이야기를 듣는 날이 와도 당신이 기억해주었으면 하는 것이 하나 있습니다. 대서양 위에 떠 있는 겨자 알갱이 같은 이 작은 섬 위에서 초록색 잔디밭에 흰 선을 긋고 제대로 먹지도 못한 말라깽이 몸으로 이 영국인이라는 이상한 국민들은 여전히 평소처럼 배트를 휘두르고 공을 차고 있을 거라고, 그리고 스포츠맨십이라는 것을 평생토록 소중히 숭상하며……. 웃긴 국민이라고요, 영국인이란…….'

목구멍으로부터 미세한 소리가 나며 그의 안면근육이 동서남북으로 잡아당겨진 것이 보였는데 그 틈을 타고 노란 뻐드렁니가 언뜻 보인다. 아마도 이것이 이 사내가 도달할 수 있는 웃음에 대한 최대한의 양보일 것이다.

게다가 그 눈에는 언뜻 하얀 것이 비쳤다. 타인에게는 좀처럼 보이지 않고, 외국인에게는 결단코 보일 리 없는, 바로 그 영국인의 눈물이 반짝거리고 있었다. 자신의 감정의 고립을 존중하기 때문에 타인의 그것을 침해할 것을 두려워하며 타인의 감정에 충격을 줄 것을 싫어하기 때문에 자기감정이 노출되는 것을 억제하는, 그리고 그 근신하고 조심하는 마음을 이해할 수 없는 무리로부터 냉혹하다고 불리며 위선적이라고 매도되어왔던, 바로 그 영국인의 눈물이 반짝거리고 있었던 것이다.

25년이 지났기 때문에 아무리 손가락으로 세어보아도 더 이상 조지는 이 세상 사람이 아니다. 그 몸이라면 분명 뇌일혈이었을 것이다. 평안히 극락왕생하시길—— 나도 모르게 종잡을 수 없는 그런 생각이 든다.

역자후기

여러 번 다녀온 곳인데 도무지 기억이 나지 않는 곳이 있는가 하면, 한 번도 가본 적이 없지만 이미 수없이 가본 곳처럼 느껴지는 경우도 있다. 내 경우 이 책에 나오는 케임브리지의 뒤뜰The Backs과 킹스 칼리지의 예배당이 그러하다. 아직 가본 적이 없지만 이 책을 번역하며 나는 분명 예배당의 종소리나 파이프 오르간 연주를 들었던 것 같다. 저자가 느꼈던 학문에 대한 한없는 경외심 역시 충분히 이해하고도 남음이 있다.

본서는 패전 후 혼란기에 있던 일본인들에게 영국의 민주주의 정신과 노블레스 오블리주의 의미를 소개하여 큰 반향을 일으킨 후 현재까지도 끊임없이 읽히고 있는 저명한 베스트셀러 중 하나다. 자유는 규율을 동반하고 자유를 보장하는 것이 바로 용기라는 사실, 자신의 감정을 존중하는 만큼 타인의 감정을 침해할 것을 두려워해야 한다는 것, 번역을 해가며 깊이 매료되었던 부분은 일일이 다 열거할 수 없을 정도다. 오래된 책이지만 현재에도 여전히 빛을 잃지 않는 명저라고 생각된다. 교육에 종사하는 사람으로서, 그리고 한 사람의 문학 연구자로서 이 책의 번역은 역자에게 다시없는 영광이었다.

이 책의 세계에 깊이 빠져든 나머지 영국이라는 나라 자체에 매료되어버렸다. 영국과 관련된 몇몇 서적과 영화를 보며 이 책을 번역하기 전과 후의 차이를 확연히 느낀다. 우연히 방문한 레스토

랑에서 '양고기 숯불구이와 민트소스 요리'를 발견했을 때의 기쁨 또한 각별한 것이었다. 아무쪼록 이 책이 읽는 분에게도 큰 감동과 기쁨을 선사하길 기원한다.

2016년 3월 20일

옮긴이 **김수희**

자유와 규율 —영국의 사립학교 생활—

초판 1쇄 인쇄 2016년 4월 20일
초판 1쇄 발행 2016년 4월 25일

저자 : 이케다 기요시
번역 : 김수희

펴낸이 : 이동섭
편집 : 이민규, 김진영
디자인 : 이은영, 이경진
영업·마케팅 : 송정환, 안진우
e-BOOK : 홍인표, 이문영
관리 : 이윤미

㈜에이케이커뮤니케이션즈
등록 1996년 7월 9일(제302-1996-00026호)
주소 : 04002 서울 마포구 동교로 17안길 28, 2층
TEL : 02-702-7963~5 FAX : 02-702-7988
http://www.amusementkorea.co.kr

ISBN 979-11-7024-800-2 04370
ISBN 979-11-7024-600-8 04080

JIYU TO KIRITSU
by Kiyoshi Ikeda
©1949, 2008 by Natsuo Ikeda
First published 1949 by Iwanami Shoten, Publishers, Tokyo.
This Korean edition published 2016
by A.K Communications, Inc.,Seoul
by arrangement with the proprietor c/o Iwanami Shoten, Publishers, Tokyo

이 도서의 국립중앙도서관 출판예정도서목록(CIP)은 서지정보유통지원시스템
홈페이지(http://seoji.nl.go.kr)와 국가자료공동목록시스템(http://www.nl.go.kr/kolisnet)에서
이용하실 수 있습니다. (CIP제어번호 : CIP2016007702)

*잘못된 책은 구입한 곳에서 무료로 바꿔드립니다.